本书获2009年度贵州民族学院学术著作出版基金资助

贵州民族学院学术文库

者述村布依族习惯法研究

周相卿 ◎ 著

民族出版社

图书在版编目（CIP）数据

者述村布依族习惯法研究/周相卿著．—北京：民族出版社，2011.3
（贵州民族学院学术文库）
ISBN 978－7－105－11468－9

Ⅰ．①者… Ⅱ．①周… Ⅲ．①布依族—习惯法—研究—册亨县 Ⅳ．①D927.734.215.4

中国版本图书馆 CIP 数据核字（2011）第 041600 号

者述村布依族习惯法研究

著　　者：周相卿
策划编辑：倩　男
责任编辑：邵慧敏　乔　丽
封面设计：晓玉工作室
出版发行：民族出版社
社　　址：北京市和平里北街 14 号　邮编：100013
电　　话：010-58130038（编辑室）
010-58130102
010-64228001（传　真）
010-64211734（发行部）
http://www.mzcbs.com
投稿信箱：gongqianlan@sina.com
印　　刷：迪鑫印刷厂
经　　销：各地新华书店
版　　次：2011 年 6 月第 1 版　2011 年 6 月北京第 1 次印刷
开　　本：880 毫米×1230 毫米　1/32
字　　数：175 千字
印　　张：6.25
定　　价：20.00 元
ISBN 978－7－105－11468－9/D·2165（汉 306）

目录

第一章　绪论

第一节　贵州布依族的一般情况

布依族是贵州人数仅次于苗族的主要少数民族，在贵州境内有着悠久的居住历史。根据 2000 年第五次人口普查统计结果，贵州省的布依族人口是 279.82 万人，占全国布依族人口的 94.17%。主要聚居在黔西南布依族苗族自治州、黔南布依族苗族自治州以及安顺市的镇宁布依族苗族自治县、关岭布依族苗族自治县和紫云苗族布依族自治县。其余的布依族散居在贵阳市的郊区、六盘水市、黔东南苗族侗族自治州、铜仁地区、遵义地区和毕节地区等地。生活在贵州省外的布依族主要分布在云南省曲靖市的罗平县和四川省凉山彝族自治州的宁南县和会理县等地。

贵州西南部的南盘江北部流域、北盘江流域和贵州南部的涟江流域居住的少数民族主要是布依族，而南盘江、北盘江和涟江都是红水河的支流。《布依族简史》中认为："南、北盘江和红水河两岸，是布依族发祥之地。"[①] 布依族所居住的村寨，主要都是在依山傍水之处的河谷平坝地方，素有"布依水乡"

① 国家民委民族问题五种丛书之一，中国少数民族简史丛书《布依族简史》，2 页，贵阳，贵州人民出版社，1984。

之称，故传统农业以水稻耕作为主。贵州人口最多的三个少数民族中，侗族和布依族的居住条件相似。从总体上看，苗族主要是居住在条件比较差的深山中。在田野调查过程中通过访谈了解到的很多苗族的历史传说中都说是从东面迁徙过来的。贵州的布依族和侗族则是沿江而上，居住的条件比较好。因为最先进入的居民必然选择条件好的地方居住，所以从居住的条件判断，也能说明布依族和侗族在贵州居住的时间应该是比较早的。

布依族有自己的语言，属于汉藏语系壮侗语族壮傣语支。在语言和其他文化上，贵州的布依族和广西、云南的壮族有共同的渊源。黔西南布依族苗族自治州的册亨县、望谟县和罗甸县的布依族与相邻的南盘江、红水河南岸的广西壮族自治区的壮族能够直接用本民族的语言进行交流。南盘江和红水河两岸的布依族和壮族相同或相似的风俗习惯非常多，布依族和壮族的分界线也基本上是以广西与贵州的省界为标准。

贵州布依族聚居的乡村地区普遍使用布依族语言。贵州境内的布依语按照语音特征大致可以分为三个土语区。第一土语区使用人口最多，主要分布在黔西南布依族苗族自治州的册亨县、望谟县、贞丰县、安龙县和兴义市，黔南布依族苗族自治州的罗甸县和独山县等县市。第二土语区使用人口位于第二，主要分布在黔南布依族苗族自治州的龙里县、贵定县、惠水县和长顺县，安顺市郊区和平坝县，贵阳市郊区和清镇市等区县市，第二土语区与第一土语区可以直接通话。第三土语区使用人口较少，主要分布于安顺市的镇宁布依族苗族自治县、关岭布依族苗族自治县和紫云布依族苗族自治县，黔西南布依族苗族自治州的晴隆县和普安县，六盘水市的六枝特区、盘县和郊区，毕节地区的少部分地区，这个土语区的语音有着比较独特的特征。

布依族原本没有代表自己语言的文字，历史上一些人接受汉文化使用汉文。1956年政府为布依族创制了拉丁字母拼音文字，但布依文由于种种原因至今没有普及。现在散居于大中城市和县城的布依族已经以汉语为日常交流语言，布依族文字只是少数学者研究的对象。由于教育的普及，布依族年轻人都比较熟练地使用汉语文。除了汉文字的影响以外，其他的布依族文化也深受汉族文化的影响。从节日来看，春节、端午节和中秋节等与汉族基本相同，但布依族至今仍保留有自己独特的“三月三”和“六月六”等节日。

第二节 历史上国家对册亨地区的政治法律控制

根据已发现的相关历史资料记载，现在的册亨地区在明朝永乐四年（1406年）以前是中央王朝和地方土司势力均未渗入的地方。《黔南识略》中认为黔西南地区“古夜郎地。汉为牂牁郡也”[①]。《册亨县志》中认为，册亨地方“夏属鬼方，春秋属牂牁国，战国属夜郎国，秦属大夜郎国地”[②]，汉属谈指县，梁属东乌蛮地，唐代天宝十年属矢部东端地、武宗会昌二年属罗甸国地，宋太平兴国四年属广南西路，南宋绍定元年属茂龙羁縻州、保祐元年属泗城州，元代属那历州，而那历州上属广西庆远府，明代属广西泗城州江外甲，隶属安隆洞长官

① （清）爱必达：《黔南识略》，见《黔南识略·黔南职方纪略》，219页，贵阳，贵州人民出版社，1992。

② 《册亨县志》，58页，贵阳，贵州人民出版社，2002。

司。明代泗城土官以江外甲分置册亨、百弼、罗烦和龙渣四甲[①]。柏果成在《布依族的厅目制度》一文中，认为“册亨地方，原无统属，明永乐四年（1406年），安隆土司岑辉以岑、侬、王、陆、周五姓土兵经略其地，册亨岑氏为西隆州土司岑辉旁系子孙，侬氏为西隆州侬泰之后裔，王氏乃‘三槐堂王氏’旁支，陆、周两姓世系不详。后为泗城土司所逐而回安龙”[②]。此观点符合历史事实，与册亨县志的说法也并不矛盾。册亨地方在大的地域背景下有所属，这与册亨县志的说法相一致。但是实际上，无论是当时的国家势力，还是有高度自主权力的得到国家承认的地方势力在明永乐四年以前，都没有实际控制册亨地方。北宋时，大将狄青伐侬智高后，令其部属中的浙江苓氏留守广西右江，成为土司，建泗州城。苓氏为了扩大领地，派遣部属率兵沿红水河、南北盘江逆流而上，进入罗甸、望谟、册亨、贞丰及安龙等布依族聚居区定居留守。但在土司势力进入以前其社会制度怎样，现在没有发现相关的汉文献资料。且布依族本身没有文字，也不可能有布依族的文字记载。在田野调查的过程中，我们寻访到的一些老年人回忆并讲述了一些民国时期和新中国成立初期的情况，但明朝以前的历史传说没有人能够讲述了。

册亨地方被土司征服以后实行的是厅目制度，柏果成在《布依族的厅目制度》一文中，认为土司统治下布依族地区的厅目制度主要有三个特征。第一，是军事和行政合一的组织，由军事组织发展过来，同时有收取赋税、维护治安以及解决争讼等职能。甲厅的头目，既是军事长官，又是行政长官。第

① 参见《册亨县志》，58页，贵阳，贵州人民出版社，2002。

② 柏果成：《布依族的厅目制度》，见《中国南方少数民族社会形态研究》，276页，贵阳，贵州人民出版社，1987。

二，是宗法和政治合一的组织，家族的统治具体表现为政权组织形式。第三，各级组织是由上而下分化形成的，是土司分土而治的结果。①

清朝顺治十八年，泗城州升为泗城府，册亨县境属于泗城府安隆洞长官司。康熙五年置西隆州，册亨县境在西隆州地域之内。泗城府及西隆州原来都是隶属广西的土府、土州。所以清朝雍正五年以前，册亨为广西土司的领地。雍正五年开始实施改土归流政策。《黔南事略》卷二十七记载："雍正五年，总督鄂尔泰以红水一江，天限黔、粤。奏请江以南属广西，江以北咸属贵州。"② 这一建议得到了清朝政府的批准。《黔南识略》中讲到：册亨州同"旧为安隆土司地，属广西西隆州。国朝雍正五年，改土归流，拨隶黔省。"③ 将原属于广西的西隆州南盘江以北地区划归贵州，设置册亨州同。州同收取赋税，管辖诉讼案件。为了维护治安，国家派遣军队驻守。《黔南识略》记载："州同分理钱粮案件。仍听知州统辖。嘉庆二年，设册亨营，城中驻扎都司一员、千总一员、把总一员、外委二员、额外二员，存城兵一百七十七名。分防八渡讯把总一员，兵五十七名；三道沟讯把总一员，兵五十四名；查年讯把总一员，兵六十名。"④《黔南识略》中还记载了收取赋税的数额，具体为"田亩多在山凹水沟之旁，土黑而肥，高处即多硗薄。向来未经丈量。额征秋米四百八石，条银一千九百一两有奇，不加耗。兵米不敷，本州拨米一百五十六石有奇，普安县拨米六百

① 参见柏果成：《布依族的厅目制度》，见《中国南方少数民族社会形态研究》，313页，贵阳，贵州人民出版社，1987。

② （清）爱必达：《黔南识略》，见《黔南识略·黔南职方纪略》，219页，贵阳，贵州人民出版社，1992。

③ 同②，234页。

④ 同②，235页

三十四石有奇”[①]。清朝道光十六年（1836年），册亨州同改称理苗州，光绪二十二年（1896年），又改称理民州。民国三年（1914年）废府、州、厅制，设置册亨县。

在国家势力进入以前，当地究竟采用怎样的社会控制形式，无法从现有的汉文献资料记载中找到依据。从当地的自然地理环境来看，由于“境内苗蛮错处，径路险绝”[②]，不可能有严密统一的社会管理机构，假设有相应的机构，明朝时土司征服的资料中应该有记载。当地的布依族没有文字，不可能形成统一的成文法律。高山大河的阻隔，各个自然寨之间很难互相往来，也没有必要有统一的法律。因而国家势力进入以前，其社会控制模式必然是以村寨习惯法控制为基础。依照常理推断，无论是前期的土司制度，还是后来的国家直接控制，有了国家的管理机构，解决争讼必然在一定程度上进入国家管理的范畴。但从田野调查过程中老年人讲述的情况来看，一直到民国时期，布依族民间的争讼一般都是依照民间法处理。

新中国成立以后，册亨地区先后属于贵州省第二、第三行政督察区（区专员公署分别驻安顺、兴仁）。1951年5月16日成立册亨县人民政府，先后属兴仁专区、兴义地区、黔南布依族苗族自治州和安顺地区。1957年8月，经过上级批准，册亨县人民委员会由册阳迁往者楼，建新县城。1958年12月29日，撤消册亨县建置，将原册亨县的区域并入安龙县。1961年8月18日，恢复册亨县建置。1965年11月26日，国务院批准将册亨县改称册亨布依族自治县，仍属兴义地区。1981年9月21日，册亨布依族自治县划归新设置的黔西南布依族苗族自治

---

① （清）爱必达：《黔南识略》，见《黔南识略·黔南职方纪略》，235页，贵阳，贵州人民出版社，1992。

② 同①，234页。

州，同时撤消自治县建置，改设册亨县。

从田野调查了解的情况看，由于新中国成立后实行人民公社制度，国家的权力直接渗入基层，民间习惯法的生存空间不断被压缩，但一些特殊的习惯法制度，如布依族婚姻习惯法制度还基本上完整地保留了下来。国家推行村民自治制度以后，一些传统的习惯法制度借助村民自治制度的形式得到复兴。现在，在国家法和当地习惯法冲突的情况下，纠纷案件中适用国家法或者当地习惯法主要取决于当事人双方的选择。

第三节 调查点的自然情况

一、册亨县的自然情况

册亨县位于贵州省西南部，隶属于黔西南布依族苗族自治州。据统计，截至2002年末，全县总人口21.8万人，境内居住有布依族、苗族、壮族等20多个少数民族，其中布依族占绝大多数，达到总人口的74%以上。册亨县在清朝的时候“苗唯仲家一种，其俗与各处同”[①]。这里的“苗”不是仅仅指苗族，而是指贵州的少数民族，所谓“仲家”就是现在的布依族。民国时期陈国钧在《北盘江苗夷的分布》一文中讲到当时册亨县的少数民族人口特别多，一出县城即有非说夷语不通行之势，“全县人口约六万余，其中夷族实占最大多数，约有五

① （清）爱必达：《黔南识略》，见《黔南识略·黔南职方纪略》，235页，贵阳，贵州人民出版社，1992。

万余，苗族唯有青苗，占绝少数”①。这是说民国时期册亨境内的少数民族主要是布依族。贵州是现在国内布依族居住最为集中的地方。虽然现在册亨县境内除了汉族以外，也有一些苗族等少数民族，但在贵州的县级区域内，册亨县布依族人口所占的比例最高，属于布依族居住最为集中的地方。

红水河上游分为南盘江和北盘江两大支流。册亨县位于分支后的南盘江和北盘江之间，东北部隔北盘江与望谟县相邻，西南部和东南部隔南盘江与广西乐业县、田林县以及隆林县相邻，总面积2598平方公里。册亨县最高海拔1634米，最低海拔301米，山高谷深，平均海拔830米，有南亚热带季风气候为主的立体气候特点，光照充足，雨量充沛。年均气温19.2℃，无霜期305天。坐车从北部的贞丰县或西北部的安龙县进入册亨县境内，可以明显地感觉到下坡路多于上坡路，虽然境内的地形主要是由高山和峡谷构成，少有平地，但由于海拔低，这里夏天的温度比贵阳高很多。5月份从贵阳来到这里就会感觉到非常不适应。册亨县的地势是北高南低，人们习惯上以中部的者楼河为界，称册亨县地势相对高的北半部为上半县，称地势相对低的南半部为下半县。上半县的汉族人口相对多一些，下半县的汉族人口很少，基本上都是1966年从上半县迁移过来的。

二、者述村的自然情况

者述村是秧坝镇的一个行政村。秧坝镇位于册亨县的南部，与县城者楼镇相邻，由于地势相对较高，夏天的气温明显

① （民国）陈国钧：《北盘江苗夷的分布》，原文发表在1942年1月15日《贵州日报》“社会学研究”，见《贵州苗夷社会研究》，北京，民族出版社，2004。

低于县城很多。该镇平均海拔1033米，最高1390米，最低740米。全镇共有75个自然寨，85个村民组。2007年调查时，全镇15 069人，布依族占全镇人口的86.98%。秧坝镇在1966年以前居住的都是布依族，汉族是1966年从该县的北部迁移过来。当时册亨县北部人口太稠密，政府强制一定数量的人口搬迁到南部。当时搬迁到秧坝镇的基本上都是汉族，只有少数布依族。

者述村由10个自然寨组成，分为11个村民小组，5个组基本上是汉族，6个组是布依族，总人口1428人，其中布依族占全村总人口的76.26%。者述寨分为2个村民小组，其中1组36户，172人，2组43户，194人。坝围寨是3组，21户，82人。哄度寨是4组，20户，104人。哄项寨是5组，14户，58人。伟仲寨是6组，27户，126人。平定寨是7组，32户，129人。伟逢寨是8组，47户，239人。伟述寨是9组，16户，73人。布达寨是10组，4户，16人。板王寨是11组，48户，235人。坝围、哄项、伟仲、伟述、布达五寨除了伟仲有2户16人是布依族外，其余都是汉族。汉族住在5个小寨中，只有339人，布依族有1089人。

者述村内部的居住情况是整体分散，小集中。所谓整体分散，是指这个行政村的村民分散居住在10个自然寨中。其中，坝围、哄度、伟述、布达、平定五个寨子是在离公路相对很远的山里，其他四个寨子都是住在公路边上。所谓小集中，是指每个自然寨中村民的居住都很集中。

从汉族和布依族居住的位置来看，1966年搬下来的布依族都被安置在布依族居住的自然寨中，譬如板王寨现在的4户陆姓就是当时由上半县搬下来的。而汉族都被安置在比较偏远但有田土的地方。汉族居住的几个自然寨分散在相对集中的布依族村寨周围，由于大山的阻隔，很难互相联系。

现在行政村内部的布依族在日常生活中普遍使用布依族语言。当地的很多汉族也都能听懂布依族语言，只有少数人听不懂。绝大多数的布依族村民都掌握日常交流的汉语，但能够用汉语进行深度交流的人却很少。

在行政村内部，虽然布依族和汉族都有，实际上是布依族和汉族分开居住。汉族和布依族都保留了自己的文化传统。在这个行政村中，除了汉族和布依族文化外，者述寨的布依族群众全部信仰天主教。在保留有布依族文化传统的同时，还有天主教文化。布依族文化和天主教文化发生冲突的内容很多已经被天主教文化取代。虽然是一个行政村，三种文化的界限划分得非常清楚。全村有300多人在外打工，一、二组就有100多人在外打工。在外打工的人数增加，也加速了布依族习惯法文化的变迁。

笔者曾经在黔西南布依族苗族自治州两个县内选择行政村进行田野调查，发现者述村与黔东南苗族侗族自治州的苗族聚居地方在居住方式上的很大不同，就是黔西南布依族地区的集中居住程度不如黔东南苗族地区。在新中国成立以前，集中居住可以联合起来一致对外，如果人口比较少，有时可能就会遇到麻烦。如2005年在黔东南台江县南宫乡记刀寨调查时了解到，这个自然寨由于人口少，在国民党统治时期，一旦有土匪出现，村民们只能跑上山，无法有效地组织抵御。相对于苗族地区而言，2007年调查的晴隆县的捧碧村和册亨县的者述村，村民们居住得都比较分散。从田野调查了解到的情况看，当地的布依族村民们讲，在新中国成立以前，社会治安比较好，很少有土匪骚扰的情况。贵州的布依族村民居住的条件普遍好于苗族居住地方，除了一些贫困偏远的特殊的地方以外，历史上国家控制的程度也就相对高于苗族地区，社会治安环境相对好一些。

者述村各个寨子中传统的住房，主要有两种建筑形式。一是木制建筑，框架用圆木，围墙用木板或竹条编成的材料。但一般是一层或一层半，两层以上的很少。所谓一层半，就是房子建在山坡上，前面建成杆栏式，下面养猪牛，上面住人，后面是建在地面上。另一种形式是草房。在 1980 年以前草房占有一半左右。房顶以前主要都是瓦或草。现在即使是传统的木房或夯土墙房子上盖的草也已经换成了瓦，在几个寨子中都已经看不见草房了。最近几年，由于国家农村政策的改变，村民的收入不断提高，在靠近公路的寨子中，由于便于运输材料，村民们建的新房都是砖混结构的平房或者小楼房。

册亨县南部山上的土质适合林木生长，者述村中只有 4 户汉族居住的布达寨，原来是一个国营林场所在地。1976 年到 1978 年期间，当时县里的林产公司大量收购木材没有指标限制，农民家家户户都砍树卖钱，然后盖新房，把山林都砍光了。国家实行退耕还林政策后，很多原来的荒山都被栽上了杉木。无论是公路的两边，还是偏僻的深山里不能种庄稼的地方都被栽上了树。树木虽然多了，河水却越来越少。村民们说原来的树木都是杂木，可以养水。现在新栽种的杉木林与原有的杂树林不同，不能养水，其生长还要蒸发大量的水分，因此现在的河水很少。

农民的收入主要是靠林木。由于国家采取林木保护政策，林木砍伐需要办理砍伐指标。但基层的相关管理部门在处理相关问题时难免有不公正的情况。村民们讲，有林子的很难办到砍伐指标。因此很多农民办不到指标只能把林木成片卖给中间商，中间商买下树木后，通过关系搞到采伐指标，将木材转卖到外地。有一次调查时坐一位林木老板的便车回县城，在路上笔者曾经问这位老板，你买下这么大片的林木，能搞到采伐指标吗？得到的回答是只要买下林子，就肯定能够批下指标。也有的农民办不到指标就私自砍树卖，被林业执法部门知道后就难免会受到处罚了。

几个布依族自然寨都是住在依山傍水的山脚下，水田都在寨子的周围，耕作方便。汉族居住的自然寨由于是从册亨县的北部搬入而形成，无论是交通条件还是田地的质量都不如布依族居住的自然寨，特别是水田很少。但是汉族居住的地方林地资源比较丰富。整个行政村的村民都不再养牛，而是用手扶拖拉机犁地。从 2005 年开始，全县的农业税都已被免除。

三、五个布依族自然寨的一般情况

从县城出发，向南走，先是沿着小河边上行，十多分钟后开始走上盘山公路，当地将这段盘山公路称为洛晚坡。经过一座高山，下山后的第一个寨子就是板王寨，一般情况下，从县城到板王寨需要 30 分钟左右。从板王寨通过人行道向西走，翻过一个山头，12 分钟左右就到达平定寨。从板王寨过河沿着公路走 20 分钟左右就到伟逢寨，从伟逢寨再沿着公路走 30 分钟左右就到者述寨。从者述寨沿着公路向南走 5 公里左右就到镇政府。这座当地人称为洛晚坡的高山是南盘江水系和北盘江水系的分水岭。

中国地图出版社出版的《贵州省地图册》第 37 页册亨县地图中标注的者楼河的河流走向是流经县城向南经过板王寨，再经过秧坝乡政府所在地入南盘江，这是完全错误的。实际的情况是，板王寨所在的海拔高度远远高于县城所在的位置。南北盘江分水岭的北边有一股河流向北流，在县城的东部汇入者楼河，而者楼河流经县城经过岩架镇入北盘江，南北盘江分水岭的南面有一股水流在者述村地域内向南走，流经者述寨地域内的是秧坝河的上游，这股河水蜿蜒向南最后流入南盘江。

《贵州省地图册》将这两个位于分水岭的两边走向完全不同的两股河水硬是错误地连在了一起，出现了一个大错误。事实上，县城者楼镇属于北盘江水系，而者述村属于南盘江水系。

五个布依族自然寨居住的地方都是依山傍水而且水田比较集中的地方，除了哄度寨以外，其他的四个自然寨都住在山头的两边。这五个布依族自然寨成半圆的扇型分布在一座山峰的周围。除了者述寨因为全体村民信仰基督教，绝大多数人不参加祭祀山神活动外，其他四个自然寨的村民时至今日依然共同在这座山峰的最高处祭祀山神。五个布依族自然寨的具体自然情况如下：

（一）板王寨

板王寨坐落在一个坐南朝北的小山头的东面，寨子的东面是一条小河，河对岸就是公路。寨内纯粹木结构的房子和夯土墙的木结构房子已经不多。主要是由砖和钢筋水泥建成的平房或两层楼。寨内有 48 户。陆姓 4 户由上半县搬下，潘姓 25 户是一个祖先，骆姓 6 户，韦姓 2 户，杨姓 3 户，黄姓 4 户。寨子内部家族观念不强，迎亲送往时只是比较近的本家族成员参与。

（二）平定寨

平定寨位于与板王寨相对的小山头的西面，从板王寨走大约 1.5 公里的山路，用时 12 分钟左右，翻过山头就是平定寨。寨中的居民中骆姓 13 户，黄姓 10 户，潘姓 9 户。板王寨是山脚，平定寨住的位置相对高一些，所以从板王寨到平定寨走的路都是上坡的山路，从板王寨走刚刚开通的村级公路绕过山头也可以走到平定寨下面小河的对岸。平定寨的住房主要都是传统的夯土墙壁的瓦房或木房，也有 8 户平顶砖房，1 户砖墙瓦房。因为住在半山腰上，修房子的砖是从寨子下面的河对岸村级公路边上过河抬上位于半山腰的寨子里。

(三) 伟逢寨

伟逢寨介于板王寨和者述寨之间，也是住在河边山脚下一个山头的两边，不过这个山头是坐北朝南，与板王寨和者述寨相比是在河的另一边。寨子中黄姓 36 户，杨姓 10 户，岑姓 1 户。伟逢寨的住户相对比较分散，寨中的住房与板王寨相似。

(四) 者述寨

者述寨的村民主要是住在一个山头的两边。山头是坐南朝北，在者述寨所居住山头北部由从南部哄度寨方向流下的一股河水和从北部板王寨方向流下的一股河水相汇，汇合后的河水经过者述寨东部转弯向东再婉转向南流去，最终汇入南盘江。寨中龙姓 2 户，骆姓 25 户，黄姓 7 户，覃姓 10 户，岑姓 35 户，寨中的住房也与板王寨相似。

(五) 哄度寨

哄度寨离乡级公里相对比较远，从哄度寨走到者述寨大约需要 12 分钟。村民原来住在山腰的小平台上，2007 年修通村级公路后，寨子里的人家开始在山脚河西面的路两边用砖、水泥和钢筋等材料修建平房或两层楼房，现在除了 7 户以外都搬下山，在山上没有搬下来的人都住在传统的木房或夯土墙壁的瓦房中。寨子内的人都姓黄，根据传说，以前是两兄弟在这里居住，经过了 9 代左右发展到现在。远支的可以互相通婚。

第四节 调查的主要经过

由于自然环境、交通条件、文化变迁和历史传统等方面的原因，贵州少数民族习惯法的地方性特征非常强，即使是同一少数民族，相邻的两个村寨针对同一问题的习惯法内容可能存在很大的差异，或者这一村寨有的内容另外一个村寨就没有。采用参与观察法进行田野调查是从民间详细了解布依族习惯法的唯一途径，也就是必须要与当地人同吃、同住、同劳动，观察当地人的日常生活，对有关问题进行访谈，掌握第一手材料。仅仅依靠他人的资料，不分时间地点和社会环境，采用进化论的方法东拼西凑地归纳分析，肯定是无法科学地研究贵州的少数民族习惯法。

册亨县是贵州省境内距离省会最远的县份之一，从贵阳坐公共汽车到册亨县城需要八个小时左右。如果坐火车，则不能直达册亨县城，只能绕路先到黔西南布依族苗族自治州的州府所在地兴义市，再改乘汽车，比坐汽车还要麻烦得多。从昆明出发，还要更方便一些。第一次去册亨县是2007年5月，当时笔者去昆明开会，闭会以后直接乘坐火车到达兴义市，次日改乘汽车去册亨县。出了兴义市以后，地势越走越低，气温也越来越热。用了四个小时的时间才到达册亨县的县城者楼镇。

根据以往在民族地区的调查经验，当地普遍是讲少数民族语言，田野调查时仅用汉语是无法进行深度交流的，有时就需要有少数民族语言翻译。贵州是布依族聚居地方，在历史上与汉族的交往要多一些，懂汉语的人也相对多一些。这里的汉族能够听懂普通话，2007年调查时，村委会主任是汉族，村里的党支部书记是布依族，由于村里的党支部书记曾经在外面当过多年兵，精通汉语。村里的调解委员会主任住在路边，离乡政府很近，也精通汉语。也有一些上了年纪的布依族老人懂汉语，但说得不好，不能进行深度交流。2008 年调查时，改选以后的村民委员会主任和村党支部书记都是由布依族村民担任。

对于村干部的话必须进行验证，他们告诉你的是真的，由于身份特殊，担心上面领导的责怪，因此有些存在的事情可能会否认。比如说祭祀山神时寨老宣布的内容问题，2007 年在板王寨调查时，当时的党支部书记闭口不谈祭祀山神时制定规范的问题。2007 年 12 月村民委员会和村党支部改选，原来的党支部书记已经落选。2008 年 6 月再一次与这位卸任的老支书交谈时，他特别强调了阴历三月初三祭祀山神时如何宣布约束人们行为的规范以及人们请求山神执法的情况。为了保证调查的内容真实、可靠，多找一些人交谈，互相印证是十分必要的。

进行田野调查首先面临着调查点的选择问题。根据在苗族地区的调查经验，离县城的远近对习惯法的存在状况的影响不一定非常大，一开始笔者是从地图上选择了坝朝村。由于城里没有像样的好出租车，只能坐了一辆出租的三轮摩托车过去，当时正好修路，路非常难走，走了二十多分钟才到达。可是到了以后发现这个村寨离县城太近，还有很多的汉族居住，附近还修了一个中学。凭直觉，这不是一个理想的调查点，因此也就没有进行实质性的调查访问。当地的布依族村民讲，平位村都是布依族，位于没有通公路的大山里面，通往平位村的路已经修通了一半，到村子里需要走一个多小时。当时已经是下午四点左右，笔者独自根据村民们指引的路从山脚往山里走，一开始是纯粹的上山，二十多分钟以后，虽然还是上坡，但相对平缓一些，新开出的路在山腰上，路边上是两山之间的大峡谷，谷底的流水不是很大，由于河两边是很陡的高山，没有田地，也就看不见劳动的人。大概又走了五十分钟左右，看见了修路的人，修路的方法是现代化的，使用的是炸药和挖掘机，再往前走，就是山间小路了。有一些当地的村民在那里干活，就顺便问了当地的情况，原来这个行政村是由分散的几个自然寨组成，村民中并非全部是布依族，还有苗族。当时走进大山的目的就是想找一个纯粹的布依族行政村，但这一目的已不能实现。走路和交谈总共用了两个多小时，再往寨子里走，当天就不可能返回县城。

第二天准备找搬到山下路边居住的平位村村民委员会主任了解情况。坐了两次摩托车到了村民委员会主任家，发现其已经进山办事了。晚上回到县城决定放弃将这个村寨作为调查点的努力。有的西方学者曾经这样讲到："民族志工作并不总是按部就班的。他需要意外发现珍宝的运气、创造力、在对错抉择时做出的正确判断、艰苦的工作，以及老式的幸运。"[①] 文化人类学研究的基本特征之一就是发现他者文化与本文化的不同，发现者描述出来的异文化是黄金，他人再重复描述就会毫无价值了。由于事前基本上不知道到底能够发现什么，田野调查就必然会冒风险。到一个不熟悉的地方进行田野调查，做无用功的事情是经常发生的。

第三天坐上中巴车往南走，车行驶了大约四十分钟，经过盘山路，过了一座高山后，发现了一个寨子，下车后一问，知道是者述村的板王寨。见到了村支书和一位长者。向他们了解了村子的一些情况后，决定将者述村作为调查点。

在了解了当地与习惯法有关的一些基本情况后，根据在苗族地区和其他一些布依族地区的经验，一般情况下，当地的村民自治制度与习惯法制度密切相关，互相影响。为了大致掌握

① ［美］大卫·费特曼：《民族志：步步深入》，龚建华译，2页，重庆，重庆大学出版社，2007。

一下村民自治情况，找到了村民委员会的调解委员会主任。经过简单的交谈，笔者发现这个村中村民调解委员会适用村规民约对民事纠纷进行调解的制度比较完善，村规民约的一些内容和村民调解委员会的调解方式都是传统布依族习惯法和现代国家法调和的产物。村民调解委员会取代了传统上的寨老的一些职能，依照当地的民间规范和国家法律调解民间纠纷。由于最近两届的村民委员会主任有一定的文化，村民委员会负责调解的纠纷案例基本上都留下了记录。当时笔者没有时间对这些材料进行全面整理，在县城将这些材料复印后，带回了贵阳。

如果调查的对象一个自然寨就是一个行政村，一般情况下可以不去乡镇政府了解情况，从而避免调查对象被上级乡镇干部干预，使访问的内容失真，加大材料之间互相验证的工作难度。而且有的乡镇干部还要无理刁难，给调查工作造成麻烦。这个行政村由多个自然寨组成，乡政府有比较详细的统计数字，有的就粘贴在墙上。这个村的村民委员会主任已经搬出了自己居住的寨子，在乡政府所在地修建了房子，同时做生意。在找村委会主任时，他正好去了县城，在等待的过程中，沿着公路散步，看见了乡政府，就顺便走访了乡政府的办公室，比较顺利地掌握了者述村的基本情况和一些基本数据。

第一次去册亨县调查的重点主要是者述村村民自治与习惯法的关系问题以及婚姻习惯法问题，对当地的原始宗教信仰与习惯法的关系等问题也进行了初步的访谈。村民委员会调解的案例很多都有文字记载，需要回到贵阳后进行分类和整理，调解的案件执行情况如何，在文字材料上是看不出来的。第二次去册亨县是2008年6月6日，对村民委员会调解的一些案例的执行情况进行了核实。针对当地的原始宗教信仰体系问题进行了全方位的访谈，实地查看当地两个布依族村民祭祀山神的地点。具体的过程后面还要详细叙述。

夏天进行田野调查时遭受蚊子和跳蚤的攻击是家常便饭，农忙季节找人谈话也不方便。只有在农村的农闲时间，调查的过程中才容易找到人。如果长时间的交谈不方便，有时就找一些重点被访谈人到比较近的一些条件好的饭店或旅馆进行交谈，同时根据访谈时间的长短和距离的远近发给劳务补助。在对者述寨进行调查时，也采用了实地田野调查和特约重点访谈对象进行座谈相结合的方法。实践证明，实地田野调查与个别访谈的资料互相印证、互相补充，可以使调查材料真实全面。本书中使用的调查资料都是亲自到村寨中通过观察、访问而获得的第一手资料，而且都经过了认真的核实。

按照西方文化人类学田野调查的传统，田野工作一般都是需要半年到两年的时间甚至更长的时间。这一般是指对其他国家或者本国非常边远的地方选择调查点，对他者的文化非常陌生的情况下而采用的做法。因为仅仅是过语言关就非常艰难，短时间内无法通过，并且多数情况下由于种种原因重返田野调查点进行反复调查几乎不可能做到。像者述村这样的布依族地方，村中相当多的人已经能够用汉语进行深度交流，只是找一些老年人或者年龄大一些的妇女访谈时需要翻译，采取熟练学会当地语言的做法并不是现实的最佳选择。对本土的少数民族文化现象进行研究，可以一次或者多次重返调查点，田野调查的时间安排可以灵活掌握。有的西方人类学家这样讲到："对于异文化持续而长久的田野作业是必不可少的，但对于在本民族文化内进行的研究这似乎是一番大话了。"① 到比较偏远的布依族地区进行调查，虽然不是对本民族文化，但是相对于西方传统上文化人类学上的异文化而言，可以说是文化差异比较

① ［美］大卫·费特曼：《民族志：步户深入》，龚建华译，7页，重庆，重庆大学出版社，2007。

小，容易交流，可以重复多次进行调查。每次调查结束后，对田野调查的资料进行系统整理分析，可以发现调查的不足之处，重返调查点，效果有时会更好。

第五节 关于研究方法的说明

一、实证调查方法

本书中对者述村布依族习惯法现象的描述都是通过田野调查方法获得的资料。书中用于和其他地方少数民族习惯法现象进行比较的其他布依族村寨习惯法田野调查资料、苗族地区习惯法田野调查资料和黔东南苗族侗族自治州榕江县大利侗寨的习惯法田野调查资料，都是笔者2003年以来亲自调查获得的第一手资料。笔者生长于北方农村，在北方基层人民检察院工作过五年，20世纪80年代初期曾经与其他政法部门的人员一起参加了一年多的农村社会治安综合治理工作，20世纪90年代几次回北方探亲都进行了村民自治问题的社会调查。为了了解贵州典型汉族地区的情况，在2007年和2009年对贵州省遵义县的两个行政村进行了实地调查。由于笔者只是在2009年3月到一个典型的侗族村寨进行过田野调查，因此书稿中使用的其他侗族地区的习惯法资料和中原汉族地区的资料是引用他人的调查成果，使用注释的方式注明了出处。

二、比较方法

为了加深对者述村中五个布依族自然寨习惯法问题的理

解，从以下几个方面考虑使用其他地方的相应资料进行比较分析。

首先，将布依族习惯法与苗族地区和侗族地区的习惯法进行比较，可以发现贵州的几个主要的少数民族在习惯法上的共同特征和各自的特点，并能引发深一步的思考。比如说，在依靠神的力量进行立法方面，三个少数民族有着相似的特征，从短期历史的角度看，由于原始宗教信仰文化的变迁，导致了习惯法立法形式的差异。还有，在婚姻习惯法方面，布依族的“赶表”、苗族的“游方”和侗族的“行歌作月”有很多共同的特征。通过这种比较，有助于我们分析布依族地区的“赶表”和父母包办的矛盾现象产生的原因。通过比较，我们发现相对于一些过去的生苗地方而言，布依族地区在历史上受到汉族文化的影响要多一些，父母包办是儒家文化影响的结果。

其次，与其他地方的布依族习惯法进行比较，有利于从深度上和广度上全面了解布依族习惯法现象。汪宁生在《文化人类学调查》一书中曾经这样讲到：“在大多数只有习惯法的社会中，很少有一个人能说出全部条文，而有关报告人说法又可能互不一致，这就要帮助他们追忆过去发生的案件而加以整理分析。它应是调查过程中逐步积累完成的一项工作，而不可能指望一两个晚上在火塘边‘考试’式询问就能了事。”① 这种说法完全符合事实。如果详细进行过无文字社会的习惯法田野调查，就会感觉到掌握国家法的规范内容容易，只要看有哪些法律文件以及哪些法律文件被废止即可，民间习惯法规范调查过程中不可能找到完备的供调查者使用的文字材料。很多少数民族地区没有自己的文字，少数民族习惯法规范主要都是不成文的，案例调查非常重要。社会规范如果没有人违反，就无法认

① 汪宁生：《文化人类学调查》，161页，北京，文物出版社，2002。

定是习惯法。现实的情况是，二十年也可能不出一个对核实某一规范有用的案例。如果要将一个村寨的规范结构都描述出来不是容易的事，或者说是根本就做不到。调查者只能是调查到多少就描述出多少。有时用一些其他地方的案例，可以启发我们深一步的思考。

第三，法人类学研究的法不是研究者所在的主流社会的法，而是他者的法，在研究的过程中要找出他者的这种法与主流社会适用的法有什么不同。通过与汉族地区的情况进行比较，可以将布依族地方习惯法的特征显现出来，发现与汉族地方的不同点，同时可以对国家法的一些内容进行反思。如村规民约问题，通过比较我们可以发现，绝大多数汉族地区的村规民约之所以不能起作用，是因为汉族地区没有保障村规民约实施的权威。而一些少数民族地区由于存在保障习惯法实施的社会公共权威或者宗族势力的权威，很多与国家法冲突的村规民约都能够得到实施。

三、关于归纳与思考

法律人类学研究相对于主流社会的具有地方性特点的法文化，其基本方法是进行田野调查，并将调查到的真实情况描述出来。本书除了第一章和第二章以外，其余各章基本上都是对布依族习惯法现象的描述和比较分析。我国当代法学研究方法主要是采用比较和推理的方式，实证的方法并不是主流的研究方法。本书从第三章开始，在每一章的结尾，对一章中描述的习惯法现象的内容进行归纳并进行必要的理论思考。

第二章　布依族习惯法的含义

研究少数民族习惯法的概念，直接涉及法的概念。我国现在一些法理学教科书中讲的法都仅仅是指国家制定或认可并由国家强制力保证实施的行为规范。这一章通过分析中西方关于习惯法概念的基本观点，分析布依族习惯法的特征。

第一节　西方学术界关于习惯法的基本观点

在西方法学界对习惯法的界定中，也存在国家认可的习惯法和虽然未经国家认可但实际上起到法律作用或类似于法律作用的习惯法两种含义。这里只讨论后一种情况。

一、自然法学视角

在西方法学历史上渊源最久远的法学流派是自然法学。当代西方法学中讲的自然法并不是法，而是道德准则。但自然法学却是法学，主要研究国家制定法怎样才能达到理想状态。自然法学派的一般特征是：第一，认为，法有终极目的或标准，初期的和古典自然法学派称自然法为理性，基督教盛行的西欧中世纪则称自然法为上帝的意志，新自然法学派称自然法为价值或道德标准；西方讲的自然法都代表正义观念，实际上就是由不同历史时期的经济基础、文化背景和地理条件等决定的道德标准。第二，探求理性的内容，研究实定法的原则，也就是研究国家制定怎样的法律才能符合理性的标准。第三，认为不符合人类正义的法律不是法律。

从起源于古希腊一直延续至今的自然法学基本原理的角度看，古希腊的自然与我们现代讲的自然有不同的含义，英国的哲学家、历史学家柯林武德认为："希腊自然科学建立在自然界浸透或充满着心灵（mind）这个原理之上。希腊思想家把自然中心灵的存在看作自然界中规则（regularity）或秩序（orderliness）的源泉，而规则或秩序的存在使自然的科学成为可能。他们把自然界看作是一个运动物体的世界。按照希腊人的观念，运动物体自身的运动是由于活力（vitality）或'灵魂'(soul)。但是他们相信，自身的运动是一回事，而秩序是另一回事。他们认为，心灵在它所有的显示（无论是人类事务还是别的）中，都是一个统治者，一个支配或控制的因素。"① 英国的法律史学家梅因认为，古希腊自然法中讲的自然毫无疑问原来是指物质宇宙，但这个物质宇宙是从完全另外一个角度来领会的，由于我们的智力与当时的智力有着距离，这一个角度，在现代语言中，就不很容易加以说明。"他们在'自然'的概念中，在物质世界上加上了一个道德世界，他们把这个名词的范围加以扩展，使它不仅包括了有形的宇宙，并且包括了人类的思想、惯例和希望。"② 这都是说，古希腊哲学认为物质自然以外还存在一个精神实体。按照当时自然法的原理，国家的法

① ［英］柯林武德：《自然的观念》，吴国盛译，4页，北京，北京大学出版社，2006。

② ［英］梅因：《古代法》，沈景一译，31页，北京，商务印书馆，1959。

律应该与这个精神实体相一致。古罗马时期西塞罗的自然法思想中，作为自然一部分的永恒理性已经与人的理性相联系，西塞罗发挥了伊壁鸠鲁曾经提出的正义是人们的一种相互承诺的社会契约思想，认为："人们都认为，创造法律是为了公民的安全、国家的长存以及人们生活的安宁与幸福；人们又认为，那些第一次实施这类规则的人们当年说服了他们的人民：他们将这类规则形成文字并加以执行的目的是，一旦接受和采纳了这些规则，就使他们可能获得光荣且幸福的生活；而当这些规则形成文字并付诸实施时，很清楚，人们就称其为'法律'。"[①] 也就是认为法律起源于契约，是人们的公意。但是一直到19世纪末期，"所谓自然法，乃是意指一种具有思辨性质的理想型的普遍原则体，亦即作为从哲理上发展法律材料和批判法律材料的基础"[②]。人们也称这以前的自然法为绝对自然法[③]，也就是认为自然法是永恒不变的。按照这种原理，代表正义观念的有强制力保障实施的规则就是法。如果国家制定或认可的法律不符合正义的观念，而民间规范符合这一标准，那么这种民间规范也就应该是法。依据古代希腊和罗马自然法学原理，以查士丁尼名义撰写成的古罗马法的渊源之一《法学总论——法学阶梯》第二编第二条规定："不成文法是习惯确立的法律，因为古老的习惯经人们加以沿用的同意而获得效力，就等于法

① [古罗马] 西塞罗：《国家篇·法律篇》，见《法律篇》，沈叔平、苏力译，188页，北京，商务印书馆，1999。

② [美] 罗斯科·庞德：《法理学》，邓正来译，35页，北京，中国政法大学出版社，2004。

③ 参见吕世伦主编：《西方法律思潮源流论》，95页，北京，中国人民大学出版社，2008。

律。”[1] 这是说，国家认可某些习惯法有与国家法相同的法律地位。当然，古罗马国家司法实践过程中如何对待这些习惯法还需要考证。

西方近代的文化相对主义思潮起源于文化人类学。进化论学派创始人之一的泰勒在其名著《人类学：人及其文化研究》一书中讲到：“社会无论怎样古老和粗野，总是具有它们的关于好坏行为的准则。但是，至于谈到什么行为应该认为好，什么行为应当认为坏，研究者应当避免成语所说的以己度人的错误。”[2] 这是说，关于正义的观念，在不同的社会环境中有不同的标准。在进化论思想盛行的年代，泰勒的文化相对主义思想并没有引起人们的重视。现代文化人类学上的文化相对主义最早产生于美国，其创始人是美国人类学家博厄斯，他反对企图从各民族独特历史中得出普遍、抽象的理论或发展规律的进化论观点，认为衡量文化没有普遍绝对的评判标准，因为任何一个文化都有其存在的价值，每个文化的独特之处都不会相同，每个民族都有自己的尊严和价值观，各族文化没有优劣高低之分，一切评价标准都是相对的。他认为：“任何一个民族的文化只能理解为历史的产物，其特性决定于各民族的社会环境和地理环境”。[3] 进入20世纪以后，文化相对主义的基本原理比较普遍地得到了西方学术界的认同。受文化相对主义思潮的影响，19世纪末到20世纪初，绝对的自然法向相对自然法转变，

---

① ［古罗马］查士丁尼：《法学总论——法学阶梯》，张企泰译，11页，北京，商务印书馆，1996。

② ［英］泰勒：《人类学：人及其文化研究》，连树声译，385页，南宁，广西师范大学出版社，2004。

③ 转引夏建中：《文化人类学理论学派》，73页，北京，中国人民大学出版社，1997。

“认为自然法是可以容纳不同观点的普遍形式，其内容是可变的。”[①] 从相对自然法角度看，官方的文化可能与地方性的文化多元并存，地方的社会规范如果与地方的文化一致，具备法的特征，也就是法。由于当代自然法学本身的特点是重点研究国家法与道德准则的关系，从国内可以接触到的现有资料看，很难找出一些著名的自然法学家从法律多元视角根据自然法学原理对习惯法问题的直接论述内容。但也并不是没有这方面的论述。20 世纪的神学自然法学家惹尼就认为，当情况的变化使法律不再有意义时，习惯就是法律，习惯是法律渊源之一。[②]

二、分析法学创始人奥斯丁的观点

德国当代法理学家魏德士认为，分析实证主义的法概念以国家制定和执行为基点，不否定习惯法，但是在理论上没有解决习惯法问题。“这个定义将法作为国家立法行为（Setzungsakte）的产物：它包括所有根据国家的法律制度具有效力并被遵守的国家法律规范和最高法院的判决。正如在孟德斯鸠学说的影响下欧洲长期风行的观点一样，该定义并不局限于成文法（Gesetze），也就是国家立法程序的产物。但是，这个定义还没有解决这样一个问题，即是否存在前国家的与（或者）不成文的法，例如：习惯法，这种法并非来源国家的规范制定程序。”[③] 美国的法理学家庞德认为奥斯丁的分析法学思想不否认

---

① 吕世伦主编：《西方法律思潮源流论》，95 页，北京，中国人民大学出版社，2008。

② 同①，100 页。

③ ［德］伯恩·魏德士：《法理学》，丁小春、吴越译，33 页，北京，法律出版社，2003。

原始法和习惯法，但是研究的中心应该是国家制定或认可的法律，他说："我们应当研究作为现代国家中一种高度专门化的社会控制的法律；在这个方面，我们所遵循的乃是奥斯丁的思想，亦即把成熟的或发达的法律视作是我们的研究领域并且把成熟的或发达的法律之前的法律发展进程或当今较低层次的法律仅仅视作是有助于我们理解我们真正论题的东西。"① 英国法理学家莫里森也认为奥斯丁承认国家法以外存在其他的习惯法体系："在某些意义上，奥斯丁是一位法律多元论者。"② 下面我们根据奥斯丁的《法理学的范围》分析一下奥斯丁的习惯法思想。

首先，奥斯丁的法概念中不排斥习惯法的存在，他认为法的要素包括以下三个方面："第一，我们所说的准确意义上的法，是一种命令。自然，作为一个命令，每一个我们所说的准确意义上的法，来自于一个具体实在的（determinate）渊源，或者产生于具体实在的制定者（author）。换句话说，这里所提到的制定者，是一个具体实在的具有理性的个人，或者，一个具体实在的具有理性的群体。……第二，我们所说的准确意义上的制裁，是一个依附于命令的实际的不利后果。……第三，我们所说的准确意义上的义务，假定了一个使其存在的命令。"③ 也就是说具备了主权者、命令和制裁三个要素就是法律。这里的主权者并不仅仅是指国家，命令也就不仅仅是指国家命令。他认为有以下的情况："有些规则，是由生活于消极

① ［美］罗斯科·庞德：《法理学》，邓正来译，352页，北京，中国政法大学出版社，2004。

② ［英］韦恩·莫里森：《法理学·从古希腊到后现代》，李桂林等译，243页，武汉，武汉大学出版社，2003。

③ ［英］约翰·奥斯丁：《法理学的范围》，刘星译，155页，北京，中国法制出版社，2002。

状态（the negative state）的人制定的。所谓‘消极状态’，是指自然状态（the state of nature），或者无政府状态（the state of anarchy）。这里的意思是说，制定者没有处于管理或统治的状态，或者，在任何政治社会中，制定者既不是最高统治者，也不是臣民。”① 一些非国家制定或认可的习惯法完全可以满足奥斯丁关于法的三要素条件。

改革开放后，在国内流行最早的外国法理学译著之一——美国法理学家博登海默的《法理学》一书中，在评价分析实证主义法学时，认为分析实证主义的命令仅指国家命令，书中讲到："法律实证主义的基本错误之一，乃是它将其有关法律渊源的理论完全或几乎是完全局限于那些被我们称之为的法律正式渊源的范围之中。这一错误须归因于这样一个事实，即法律实证主义把法律视为是国家命令，所以它主要从那些正式的律令和命令中寻求其渊源，而这些律令和命令则是由立法机关、制宪大会、法院或行政机关颁布或发布的。”② 关于习惯法问题，博登海默认为奥斯丁的观点是："在立法机关或法官赋予某一习惯惯例以法律效力以前，它应被认为是一种实在的道德规则。”③ 奥斯丁在《法理学的范围》一书中将道德准则又分为两类，一类具有法律的性质，一类没有法律的性质。具有法律性质的道德规则有两个显著特征："第一，它们是具有强制性的法，或者规则，而且，是由一类人对另外一类人制定的。第二，它们既不是政治优势者制定的，也不是享有法律权利的个

---

① ［英］约翰·奥斯丁：《法理学的范围》，刘星译，158页，北京，中国法制出版社，2002。

② ［美］E. 博登海默：《法理学》，邓正来译，442页，北京，中国政法大学出版社，1999。

③ 同②，469页。

人制定的。”[①] 还有一部分道德规则并不具有法律性质，但人们也习惯于称之为法，其原因是：“它们所以被描述为法，或者规则，是由于‘法’或‘规则’这些术语的广泛类比式修辞活动的缘故。”[②]

社会正义与秩序是法律价值的两个最主要的方面。资产阶级夺取政权以后，在法的秩序价值与正义价值的平衡关系上，秩序价值对当权者更有意义。资产阶级利用自然法的理论武器夺取了政权，自然法学探求的理想法是很难确定的，对理性的追求并不能很好地满足现实的需要。而当时需要的是国家制定什么样的法律才能巩固政权的理论，奥斯丁的思想符合当时的历史潮流，以奥斯丁思想为代表的分析法学的研究重点就是国家制定法。在资产阶级的法治体系建立起来以后，法的实施效果问题被提上议程，这就需要社会学法学登台亮相了，习惯法问题自然也就更为人们所重视。

三、西方法社会学的视角

社会学法学重点关注的是法律运作，而不是权威性律令的抽象内容。[③] 民间存在的习惯法体系必然影响到国家法的实施，因而习惯法问题必然被纳入议事日程。作为法社会学创始人之一的埃利希认为：“人类团体的内部秩序从其产生之初到现在，一直是法律的基本形式。法律命题不仅在较晚的时期才出现，

---

① ［英］约翰·奥斯丁：《法理学的范围》，刘星译，158页，北京，中国法制出版社，2002。

② 同①，157页。

③ 参见［美］罗斯科·庞德：《法理学》，邓正来译，295页，北京，中国政法大学出版社，2004。

而且大部分也是从人类团体的内部秩序中发展而来。”[①] 这是说习惯法从人类社会的内部秩序产生以后，一直是法律的表现形式。埃利希还认为，这种习惯法在国家产生以前就与社会同时出现，而且这种与之相应的立法和司法也比国家出现要早。“法律史已经证明，立法和执法在其发展之初都是在国家范围以外的。司法并不来自国家，而在国家存在以前就存在了。”[②] 埃利希并没有对这种习惯法进行更为深入的探讨，但是他的贡献是“开启了一种探明大众行为之习惯以及探究这些习惯与书本中的法律和现行的司法及行政过程间关系的一种技术而已”[③]。

马克思·韦伯认为，习惯法的出现可以表现为三个方面：一是产生了具有规范性的习惯，二是这种习惯被众人认可，三是获得强制机构的保障。其中第三点是习惯转化为法的决定性因素，从而与一般习惯相区别。[④] 这也就是说有强制力保证实施的规范是法规范，而没有强制力保证实施的规范不是法。马克思·韦伯还认为这种强制力是多元的，有时是两种或多种力共同作用的结果。他说：“根据一般的术语学，作为习惯法的规范，其效力在很大程度上依赖于一种类似的强制性实施机制，尽管这种强制性效力是来自同意，而不是制定。习惯则不以任何强制性机制为特征。这种强制性机制是指有一部分人相对而

---

① 吕世伦主编：《现代西方法学流派》，316 页，北京，中国大百科全书出版社，2000。

② 同①，320 页。

③ ［美］罗斯科·庞德：《法理学》，邓正来译，341 页，北京，中国政法大学出版社，2004。

④ 参见［德］马克思·韦伯：《韦伯作品集 IX 法律社会学》，康乐、简惠美译，144 页，南宁，广西师范大学出版社，2005。

言确定地负担着运用物理或心理手段实施强制力的特别任务。"①

日本的著名法社会学家千叶正士明确主张习惯法的存在。认为虽然按标准法理学观点来看，国家法以外是否有应该称为法的规范还有疑问，但是客观上还是存在与国家法多元并存的规范体系，他称之为"非官方法"，并将之定义为"非官方法是指非由官方权威正式认可、而是由某个圈子的人们（无论是一个国家的人们，还是一个国家之内的人们，或是超越一个国家包括他国的人们）在实践中通过普遍的一致同意所认可的法律体系"②。

四、西方法律人类学的观点

关于习惯法与习俗的区别，马林诺夫斯基在研究原始法时认为，在当时的学术界"认为每个部落成员均自动奉守、本能地遵从部落法的论调，竟然成了探索初民社会秩序与初民对于规则的遵从问题的基础的一般公理"③。马林诺夫斯基对处于原始社会阶段的民族进行田野调查时，他发现当时占支配地位的观点，即关于原始社会的人们自发地服从民族规范的推测，并不符合现实。发现在所调查的社会中，有一点与现代社会一样，即社会规范由于受到外力的强迫才能够得到实施。"强制

---

① ［德］马克思·韦伯：《论经济与社会中的法律》，张乃根译，21页，北京，中国大百科全书出版社，1998。

② ［日］千叶正士：《法律多元——从日本法律文化迈向一般理论》，强世功等译，150页，北京，中国政法大学出版社，1997。这种法的观点虽然在我国不符合正统的法理学原理，但是被我国的民族学者、法社会学者、民族法学者及部分法理学者所认可，并以此概念为切入点进行研究。

③ ［英］马林诺夫斯基：《初民社会的犯罪与习俗》，载《犯罪社会与文化》，10页，南宁，广西师范大学出版社，2003。

的威慑与惩罚的恐惧对于一般普通公民并无多大关系，无论他是‘野蛮人’抑或‘文明人’，同时，另一方面，它们对于社会中每一紊乱或犯罪因素来说，却又是不可或缺的。而且，每一人类文化中都存在着沉重加诸每一公民，要求他们做出巨大牺牲的诸多法律、禁忌和责任，它们根本不是因为人们的‘自发自然’，而是由于道德、情感或某些实际的缘由才被人们奉守无违的。”① 而且，在这些社会中，同样存在违反社会规范的事。而违反有强制力的规范必然要受到制裁。他把这些原始社会的规范称为原始法，从而将一般的习惯和原始法相区别。正如日本学者认为的那样，马林诺夫斯基“根据有无强制力（否定的制裁）分离开中立的习惯和法规范。把有强制力的规范看作是法”②。结构功能主义学派人类学家的田野调查资料，为进化论理论的构建提供了新的材料。1934 年出版的日本法学家穗积陈重的《法律进化论》一书中讲到：“人类现象，绝非如近代欧洲学者所想象：其原始状态为自由自主毫无束缚，亦决非由不羁之独立生活突然移至整齐之国家生活；盖一团体进化发展而为国家的组织，以至其团员之份子皆营法律的生活，必亘数百年或数世代之长岁月与许多之准备，而其准备中最重要者，服从之习性是也。”③

人类学家提出的法要素将民间习惯法纳入了法的范畴。英国的功能主义人类学派创始人之一拉德克利夫·布朗认为，法的构成要素应包括社会规范、违反时应受到否定性的制裁和处

---

① ［英］马林诺夫斯基：《初民社会的犯罪与习俗》，载《犯罪社会与文化》，12 页，南宁，广西师范大学出版社，2003。

② 奥山甚一「法人類学の基礎づけ」．湯淺道男．小池正行．大塚滋编：《法人類學の地平》．アジア法叢書 16．成文堂 1992．9

③ ［日］穗积陈重：《法律进化论》，黄尊三、萨孟武、陶汇曾、易家钺译，415 页，北京，中国政法大学出版社，1997。

理纠纷的机构。[①]美国的法人类学家霍贝尔的法定义与拉德克利夫·布朗的法定义相似，他认为："法是这样一种社会规范，当他被忽视或违犯时，享有社会公认的特许权的个人或团体，通常会对违犯者威胁使用或事实上使用人身的强制。"[②]也提出了称为处理纠纷的主体（特许权的个人或团体）、规范（社会规范）及制裁（人身的强制）作为法的标志。对法进行这样的界定，突破了只有国家才能制定或认可法的观点，也就是说法也可以存在于民间。调整社会关系的一切有强制力保证实施的规范都可以纳入法的概念中，即关于国家制定的由国家强制力保证实施的规范和一般社会团体或社区的非正式规范都应视为法。这样，一个社会的法系统就可能是由多元的法体系构成，即有国家法也有其他（如在民族地方、宗族内部、一般社区或政治团体内部等发挥作用的规范）形式的法。拉德克利夫·布朗和霍贝尔的法要素，并不是专指习惯法而言。要界定习惯法的外延，必须明确习惯法与国家法的关系。

要研究习惯法，就要发现、描述与分析习惯法。人们最重视的是纠纷实例研究法，马林诺夫斯基实际上就开始采用这种方法，他为了了解有强制力的社会规范，"观察违反这些规范时，给以什么样的制裁，并且记述了破坏有强制力的规范的情况，可以说是纠纷事例研究的先驱者"[③]。霍贝尔大力提倡纠纷实例研究法，这种方法的特点是在调查习惯法规范时不局限于社会规范，首先观察纠纷，探求其处理的组织，再研究处理纠

---

① 参见奥山甚一「法人類学の基礎づけ」. 湯淺道男 . 小池正行 . 大塚滋編：《法人類學の地平》. アジア法叢書 16. 成文堂 1992. 9

② ［美］霍贝尔：《初民的法律——法的动态比较研究》，周勇译，30 页，北京，中国社会科学出版社，1993 年。

③ 同①。

纷的方法。[①]

五、综合法理学家博登海默的观点

我国当代著名的法理学家沈宗灵教授讲到：博登海默认为："法律仿佛是一座有许多厅、室、角落的大厦。用一盏灯很难同时照到每个室和角落。由于技术和经验的限制，其困难就更大。所以我们不应说历史上的法理学都是胡说，而应认为其中大部分学说是法理学大厦的有价值的基石，即使每一种学说仅代表了局部的和有限的真理。"[②] 根据博登海默的著述，我们也可以看出，博登海默的学说综合了各家观点。他的关于习惯法问题观点也应该引起我们的重视。

首先，博登海默认为法律多元意义上的习惯法是一个国家法律的非正式渊源，他说："由于习惯在很大程度上已被纳入了立法性法律和司法性法律之中，所以习惯在当今文明社会中作为法律渊源的作用也已日益减小。"[③] 这里，博登海默讲的作为法律渊源的习惯，显然不是指国家认可的习惯法。

其次，博登海默认为现代国家中，习惯法的影响虽然越来

---

① 当然，这种纠纷研究法也不是万能的，在有些社会中，了解规范是必不可少的，如我国苗族地区的榔规，在过去就是大家知道的不成文规范；还有，纠纷实例研究法不能发现一些隐形的习惯法规范的内容，如以宗教禁忌形式存在的习惯法，规范了人们的行为，其约束的力量主要是在心理起作用，在观察纠纷中无法直接发现其内容；再次，民族习惯法的特征之一就是一般情况下是不成文的，可是在现在的我国，例外的情况也有，如在我国黔东南苗族地区的很多村规民约的内容中都反映了习惯法规范的内容，又是成文的。

② 沈宗灵：《现代西方法理学》，458页，北京，北京大学出版社，1992。

③ ［美］E. 博登海默：《法理学》，邓正来译，472页，北京，中国政法大学出版社，1999。

越小，但其存在却是事实。“职业或商业习惯，甚或更为一般性的习惯，仍在非诉讼的情形中调整着人们的行为，而且这类习惯还在法庭审判活动中起着某种作用。法院有时也会宣称，具有地方性质的习惯可以背离和取代某一一般性法律规则。”[①]当然，这里并没有将诉讼情形中的习惯法与一般的习惯区别开来。同时，在英美法系国家，习惯法一旦被法院确认，也就成了国家法的一部分。当然，博登海默的习惯法观点主要是从社会学角度，而不是从人类学角度出发的。

第二节 我国学术界的观点

当代我国的人类学界和民族法学界，虽然公认在某些民族地方有与国家法多元并存的地方民族习惯法体系，但人们是在多种视角下使用民族习惯法这一概念，并没有形成共识。而传统的法理学，同时也是现在还居于主流地位的法理学，认为法仅仅是由国家制定或认可并由国家强制力保证实施的行为规范，不承认民族习惯法是法的表现形式。无论是国家主义立场的主流法学观点，还是民族学、社会学、民族法学和部分法理学者的法律多元观点，都使用着“习惯法”一词，但其内涵与外延却存在着差别。从总的方面看，我国学术界所讲的习惯法可以分为两大类，即国家认可的习惯法与没有经过国家认可的习惯法。

① ［美］E. 博登海默：《法理学》，邓正来译，472页，北京，中国政法大学出版社，1999。

一、国家认可的习惯法

我国现在通用的法理学教材认为法是由国家制定或认可的，国家制定的法是成文法，国家认可的不成文法是习惯法。按照这种观点，除了国家制定或认可的法以外，其他的规范都不是制定法。没有形成国家的原始社会阶段的社会规范不是法，也不承认现阶段国家法以外还存在民间的法体系。这样，习惯法也是国家意志的体现。国家认可的习惯法又分为以下两类。

（一）与国家法处于同一法律体系的习惯法

有些法律的内容虽然没有制定为国家成文法，但却是国家成文法的补充或者完善。在国外，这种无成文法明确规定的习惯法有很多，例如根据英国的宪法惯例，英国内阁的地位、英王与议会的关系等从成文法中都找不到根据。二次世界大战以前，美国宪法中总统连续任职不得超过两届的习惯法等等。

（二）与国家法不是处于同一法律体系的习惯法

这是指在一个国家之内，某一特别地区存在与国家法不相一致的不成文规范体系，国家承认这些规范在这一特定地区有效。在我国现在没有明显的实例，但在我国历史上有很多封建王朝对民族地区采取这种措施。如清朝时期黔东南新辟苗疆六厅地区的苗族习惯法① 就是被国家认可的不成文习惯法。这种类型的民族习惯法的地位，有点类似于香港、澳门的法律在我

① 参见周相卿：《清代黔东南新辟苗疆六厅地区的法律控制》，载《法学研究》，2003（6）。

国整个法律体系中的地位。

二、非国家认可的习惯法

大量的法社会学、法人类学调查资料证明了不仅原始社会存在有外部强制力保证实施的规范体系，即使在现代社会中，独立于国家法之外、与国家法多元并存的规范体系也确实存在，特别是在一些民族地区，这种规范体系非常明显地存在着。一些学者明确论证了与我国现在通用的法理学教材相反的观点，他们认为习惯法是指与国家法不是同一体系，相对于国家法，在国家没有完全控制或者没有必要深入控制的情况下存在的，既不是国家制定，也没有经过国家认可的，与国家法多元并存的社会规范体系。就我国整个法学界而言，关于非国家认可的习惯法的称呼有多种，如民族习惯法、民间法、传统法、固有法、初民法、本地法等。[①] 这一含义的习惯法也可以分为广义与狭义两种。

广义的非国家认可的习惯法指独立于国家法之外的社会规范的总和。这种观点的特点是没有将有外部强制力的规范与没有外部强制力的规范区别开来，认为所有国家法以外的社会规范都是习惯法。如有人认为："佤族社会仍然依靠长期的历史形成的习惯和传统，来调整人们之间的各种关系，维持社会的秩序。佤族没有文字，这些传统习惯和道德规范，没有用文字

① 参见张晓辉、王启梁：《少数民族民间法在现代社会中的变迁与作用——关于云南25个少数民族村寨民间法律文化的分析》，见《中国法制比较研究论文集》，台湾，台湾东吴大学法学院，2001。

固定或记录下来，所以也可称为‘习惯法’”。[①]这样的观点扩大了法学的研究范围，将人们的注意力引向了国家法以外的社会规范，使这种社会规范得到了应有的重视。

狭义的非国家认可的习惯法，指独立于国家法之外的有强制力保证实施的社会规范。张晓辉教授认为习惯法“是相对于国家法而言的，指社会中存在着的非国家制定或认可的行为规范”。同时又强调“民间法的权威是民间法赖以存在和保证实现的基础”[②]。周勇认为：“习惯法是依据一定的社会权威而存在，并被保证在违反时对其强制执行或对违反者予以责罚的行为规范的总和。”[③] 高其才认为：“习惯法是独立于国家制定法之外，依据某种社会权威和社会组织，具有一定的强制性的行为规范的总和。”[④] 这几种说法虽然用语不完全相同，但所表达的含义有几点是相同的，即认为习惯法是相对于国家法、有强制力保证实施、约束人们行为的社会规范。本书基本上采纳这种观点。

三、西方法律人类学界习惯法理论对我国主流法理学的影响

由于霍贝尔和马林诺夫斯基的原始法思想在我国学术界产

① 冉继周、罗之基：《西盟佤族社会形态》，99页，昆明，云南人民出版社，1980。

② 张晓辉、王启梁：《少数民族民间法在现代社会中的变迁与作用——关于云南25个少数民族村寨民间法律文化的分析》，见《中国法制比较研究论文集》，台湾，台湾东吴大学法学院，2001。

③ 周勇：《习惯法在中国法律体系中的历史地位》，载《上海社会科学院学术季刊》，1991（4）。

④ 高其才：《论中国少数民族习惯法文化》，载《中国法学》，1996（1）。

生了一定的影响，我国的一些主流的法理学和法律思想史教材还是有所反映的，比如说，严存生主编的《西方法律思想史》中，比较详细地介绍了霍贝尔的法人类学思想①。也有的教材，对霍贝尔和马林诺夫斯基的思想进行了评价。比如有这样一种观点，说马林诺夫斯基则认为社会规范就是法律，无论文明社会还是野蛮社会，都始终存在。而霍贝尔的法的概念虽然比马林诺夫斯基把法混同于一般社会规范的定义缩小了范围，但是不足以区分法律规范和其他社会规范。② 同时针对我国有人提出的原始社会是氏族法，阶级社会是国家法的观点，有学者认为："把氏族习惯和国家法律混同起来，把它们看作是法的不同形态，不但会造成逻辑的混乱，而且只能使原来已经清楚的问题变得更加糊涂。"③ 我们认为，马林诺夫斯基的贡献是发现了在处于原始社会形态的社会中，有的社会规范有外部的强制力保证实施。霍贝尔的法律概念虽然有不完美的地方，其出发点是强调原始法与一般社会规范的区别。究竟是叫原始法、习惯法或民间法等等并不重要，重要的是要认识这种社会现象。界定一个概念要有理论上和实践上的现实需要，无论是法社会学还是法人类学，这种社会现象都是必须进行深入研究的基本内容。在我国这种多民族组成的国家中，各地经济、社会发展又极其不平衡，研究这个问题尤其重要。界定少数民族习惯法的概念是研究少数民族习惯法的基础。从实践角度看，认识和了解少数民族习惯法是确定民族地区民族立法的原则以及进行法律变通等的前提条件之一。

---

① 严存生主编：《西方法律思想史》，364页，北京，法律出版社，2004。

② 参见孙国华主编：《法理学》，106页，北京，法律出版社，1995。

③ 孙国华主编：《法理学》，107页，北京，法律出版社，1995。

第三节 布依族习惯法的含义及特征

通过前面对国外和我国学术界习惯法观点的分析，可以看出，近代以来国外主要法学流派基本上都承认习惯法存在的现实，而且各种学派的观点有很多共同之处。笔者从2003年3月开始长期进行黔东南雷公山地区苗族习惯法田野调查，在继续进行苗族习惯法田野调查的同时，2007年以后主要进行布依族习惯法田野调查。从调查的情况看，完全能够证明中国少数民族习惯法存在的客观事实。本书中的布依族习惯法是指存在于布依族村寨中，通过多种途径产生但非国家制定或认可的，与国家法多元并存，由外部公共强制力或其他强制力保证实施，与当地的文化模式相一致从而被当地社会所公认的社会规范体系。这些社会规范与这里的原始宗教信仰等传统的特殊文化背景、地理环境、气候及日常生活方式相适应，是历史上少数民族习惯法流传与演变的结果。这种布依族习惯法的特征主要表现为以下三点：

一、是与国家法多元并存的社会规范体系

在很多少数民族地方，国家法确认的制度主要表现为农村土地所有制的基本制度、村民自治制度、刑事犯罪的相关制度、计划生育制度、教育制度以及税收制度等。主要由习惯法调整的有维护村寨一般社会治安的制度、婚姻制度、防火制度以及祭祀制度等。在更多的情况下，是国家法和当地的少数民族习惯法共同介入。如农村土地制度是以国家法调整为主，但是现实生活中，很多土地纠纷仅仅依靠国家法无法得到解决，

很多民族地区的问题与传统规范有关，用传统的纠纷调解机制解决更为有效。者述村的很多林地纠纷都是依据民间习惯法解决的。又比如，者述村的布依族婚姻制度主要是以少数民族习惯法调整为主，但是如果一方起诉到法院，法院也受理。少数民族习惯法的有些内容与国家法冲突，如婚姻习惯法中的一些结婚限制条件和不到国家法规定年龄按习惯法规范结婚以及有关处罚的内容和方式与现代国家法财产权利保护的矛盾等等。但更多的少数民族习惯法的内容与国家法是互补的。由于在民族地区国家法内容的局限性以及国家法实施过程中的局限性，无论是从社会秩序的角度还是从社会正义的角度，都需要少数民族习惯法的补充。由于少数民族习惯法与国家法一直处于不断磨合的互动状态下，从总体上看，二者的互相补充是主流，二者的矛盾并没有引发严重的社会问题。在贵州，黔西南南北盘江流域是国内布依族居住最为集中，原始布依族文化保留得最好的地区；黔东南雷公山地区是国内苗族居住最为集中，原始苗族文化保留得最好的地区。将黔西南南北盘江流域布依族地区的习惯法和黔东南雷公山地区的苗族习惯法进行比较，可以看出，布依族地区的习惯法保存的程度远远不如苗族地区丰富。除了婚姻习惯法制度以外，与国家法冲突的内容已经很少见到。

二、产生的方式多元化

国家法都是国家制定或认可的。在历史上，少数民族习惯法主要表现为历史传统、民间形式立法和禁忌等。现代社会，除了历史上遗留的习惯法表现形式以外，村规民约逐步成了习惯法的主要表现形式之一。现代国家法基本上都是立法机关制定的，在立法过程中，都力求做到各种法律形式表现出来的内容之间不矛盾、不重复，协调成为一个统一的整体。少数民族习惯法的形成并没有统一的规划，有些是人为的，有些是历史上流传下来的。由于外部世界的影响，少数民族习惯法的内容和形式也处于变迁的过程中，整合需要一个过程，存在很多一个规范通过几种习惯法形式表现出来，很多特定的规范很难明确地归类到某一种习惯法形式中的情况。如果将黔西南南北盘江流域布依族地区的习惯法和黔东南雷公山地区的苗族习惯法进行比较，可以看出，在雷公山地区的苗族聚居地方，村规民约中体现的习惯法内容非常丰富，在调查过的黔南和黔西南几个布依族聚居的成文的村规民约中很难看到习惯法的影子，者述村也是属于这种情况。经调查可知，布依族习惯法主要表现为布依族自然寨不成文的村规民约中。传统上留传下来的相关规范以及群体祭祀山神过程中制订的规范是当地布依族习惯法的重要渊源。

三、有被当地社会所公认的非国家的外部强制力保证实施

马林诺夫斯基在对美拉尼西亚·特罗布里恩群岛进行田野调查后认为："法律的基本功能是约束人类的某些自然嗜好，压抑和控制人类的本能，强制养成非本能的、义务性的行为方式——换句话说，法律旨在保证人类为了一个共同目的，在彼此让步和牺牲基础上互助合作。为此，必须有一种完全不同于自然本能习性的力量来担当此一重任。"[1] 马林诺夫斯基还用实例进行了说明，用事实揭示了原始民族法律规则所固有的强制

① ［英］马林诺夫斯基：《初民社会的犯罪与习俗》，见《犯罪社会与文化》，39页，南宁，广西师范大学出版社，2003。

性的真相。我们通过当代少数民族地区习惯法的田野调查资料，同样可以看出当地习惯法的强制性。本书中所讲的布依族习惯法是指由于有外部强制力的存在，能够得到实施的规范。

这一特征既与国家法区别，又与一般的社会规范区别。我国现代学术界的主流法理学，也就是通用的教科书中的观点，是将国家法以外的普通社会规范统称为道德规范。这里所讲的国家法以外的普通社会规范是指习惯上明确分类的，如政党的政策、宗教规范以及行规等以外的社会规范，不再对非国家认可的习惯法和其他社会规范进行划分。由于这是普通教科书中的常识性观点，这里不再举例。其实，这个问题在法律人类学界是早就已经解决的问题。霍贝尔认为法无论是在原始社会或文明社会，“真正必须具备的基本条件，是由一社会的权威机构合法地行使人身的强制。法律是有牙齿的，需要时它能咬人”①。

强制力从总体上可以分为国家的和民间的，民间的又可以分为正义的与非正义的。本书中所讲的布依族习惯法的强制力是指民间的与当地的文化模式相一致，从而被当地布依族群众所认可的强制力。由于文化的差异，行使这种强制力有时可能会与国家的法律相冲突。有人针对霍贝尔的观点，认为：“暴力的授权行使是多种多样的：有国家行使的暴力，有家庭、宗族行使的暴力，有宗教团体行使的暴力，等等，只有以国家授权行使的暴力为后盾才是法所具有的特征。”② 我们认为，对某种自然现象或社会现象下定义，目的是为了认识、研究的方便，将习惯法规范从法律以外的一般社会规范中分离出来，目

① ［美］霍贝尔：《初民的法律——法的动态比较研究》，周勇译，27页，北京，中国社会科学出版社，1993。

② 孙国华主编：《法理学》，106页，北京，法律出版社，1995。

的也是如此。

就者述村的情况而言，村民委员会对于自己调解的案件有一定的强制执行的权力，主要是一些涉及金额非常小的民事调解协议。历史上延续宗族势力的强制执行权在当代发生了很大的变迁，最近几年在者述村没有出现典型的案例。

第三章　民间宗教信仰与布依族习惯法

从贵州苗族、布依族和侗族聚居地方的习惯法田野调查资料中，我们可以看出神圣因素与习惯法的关系非常密切。对这种关系的研究，可以启示我们思考当代法律实施过程中的很多问题，同时加深对古代法一些内容的理解。如果不了解当地的宗教信仰就不可能全面系统地研究当地的习惯法现象。本章对当地民间自然神信仰、鬼神信仰等原始宗教信仰情况进行一般性介绍，重点描述分析者述村布依族群众祭祀山神制度与习惯法的关系。

第一节　者述村布依族宗教信仰的一般情况

一、原始宗教信仰

布依族原始宗教信仰是某些习惯法制度的基础，人们对原始宗教信仰的程度发生变化必然导致某些习惯法制度的变迁。

（一）老魔先生与老魔媒拉

在者述村布依族村民中，充当人与神鬼交流媒介的人物是男的“老魔先生”或女的“老魔媒拉”。这两种原始宗教人物无论在职能上还是在其他方面都有重大的区别。例如：群体祭祀神灵的主持人只能是男的“老魔先生”，而不能是女的“老魔媒拉”；五个布依族村寨中有好几个“老魔先生”，但只有一个“老魔媒拉”；“老魔先生”和“老魔媒拉”都给人看病，用酒、肉和鸡等祭鬼驱鬼，但是看病的方法并不同。以前，因信奉鬼神，人们一有疾病便找“老魔先生”或“老魔媒拉”杀牲驱鬼。现在卫生条件好了，只是在吃药无效果或在医院治疗效果不理想时人们才这样做。也有的既吃药打针又请人驱鬼。这两种人物是沟通人的世界和虚拟的鬼的世界的纽带，在历史上对人们的日常生活发生过重要的影响。现在由于文化的变迁，其影响力正在下降。

板王寨的一个老魔先生，有很多算卦的书，主要是古书，也有现代版本的书。老魔先生所做的原始宗教活动主要有以下几种。一是担任公众性祭祀山神的主持人，这一部分内容下面介绍祭祀山神问题时会详细介绍。二是为订婚的男女双方查看是否相克、如果相克是否可以禳解以及如何禳解；为结婚的人查看日期，主持结婚仪式过程中与原始宗教信仰相关的仪式等。三是驱鬼治病。老魔先生治病的原理是根据书中讲述的方法算出是什么鬼在作祟，采用什么样的方法叫鬼自动离开或者将鬼驱逐。老魔先生看病时也需要鸡、鸭、酒、饭、香和纸等进行祭祀，意思是导致生病的鬼吃饱喝足后离开。同时老魔先生还威胁鬼说，给了你吃的和花的钱，赶紧离开，不要再折磨人，如果不走他将采取相应的方法。如果祭祀不管用，就采取象征仪式（主要采用用麻绳捆病人，意思是捆鬼）或者念咒语等方式驱赶鬼。四是在其他一些活动或者仪式中查看日期、回答咨询并主持祭祀仪式等。

布依族地区的老魔先生受到汉族文化的影响比较深，用的书与汉族地区民间的阴阳先生使用的书是一样的，所采用的方法是书中描述的。当然具体方法中传承了很多布依族原始文化的成分。在贵州雷公山地区的苗族聚居地方，充当类似于布依族地区“老魔先生”角色的人物是“鬼师”，分为过阴鬼师和非过阴的一般鬼师两类。根据调查过的过阴鬼师的叙述，鬼师在治病时用毛巾将眼睛蒙上，看见鬼以后，与鬼谈判，必须用鸡、鸭和猪等敬鬼。有时要用牛敬鬼，鬼师们说鬼答应用哪一种就用哪一种敬。例如，雷山县大塘乡掌批下寨的一个苗族过阴鬼师这样介绍：“过阴时的感觉就像是天黑了，又出了月亮，看见的人鬼，就像是十二岁左右的小孩，一般是一帮一帮的，单独的很少，鬼也像人一样，自己忙自己的。也可以看见老虎鬼等。根据看到的内容采取相应的驱鬼办法。”① 对苗族地区过阴鬼师的描述可以这样理解，有的人可以进入特定的幻觉状态，而所谓过阴就是鬼师通过一定的形式进入一种幻觉状态。他们认为在幻觉中看到的一些人形或动物就是鬼。苗族地区非过阴的一般鬼师治病，只是根据历史上流传下来的方法，鬼师们自己往往也无法解释其原理。例如雷山县方祥乡格头村的一个鬼师治病时，“用一只草鞋作为治病的工具，把病人的衣服剪下一点点拴在草鞋上挂在空中，鬼师口中一个一个地念各种鬼的名字，如果念到代表哪个鬼的名字草鞋晃动，就认为是这种鬼，然后采取相应的驱鬼措施。当鬼师采用这种方法念到蛇鬼时，挂在空中的草鞋晃动起来，认为是蛇鬼作祟。鬼师把两根小木头用草木灰画成一圈一圈的，象征两条蛇，用绳子把两根小木头捆起，在病人家念鬼出来，用小竹子做成的扫帚扫房间，象征把鬼从房间扫出去。把扫帚、小木片、鸡、鸭一起拿

① 周相卿：《黔东南雷山三村苗族习惯法研究》，118页，贵阳，贵州人民出版社，2006。

到河边念经，念经就是念先人传下来的故事内容，把鸡和鸭在河边吃掉，吃东西时必须吃完，吃不完的扔掉，不能带回家”①。鬼师说采用这种办法治病是根据历史上流传下来的方法。与苗族地区相比，在贵州西南部和南部布依族地区多个村寨调查时，都没有发现过采用过阴鬼师方式治病的“老魔先生”。布依族地区“老魔先生”治病时采用的象征方法有很多内容与苗族地区的非过阴鬼师使用的方法相似。

五个布依族村寨中老魔先生虽然有很多，但只是伟逢寨有一个老魔媒拉。这位86岁的老魔媒拉叙述，她18岁还没有出嫁的时候，开始当老魔媒拉。当时因为好像得了精神病一样，不当老魔媒拉就无法忍受，不得已当了老魔媒拉。以前找她看病的人有很多，现在比以前少了。老魔媒拉说，在她看病的过程中，自己什么都不知道，好像做梦一样，自己也不知道看病时所说的话的内容，是在其神志不清的情况下说出的。看不见鬼，看病过程中的状态和没有进入看病状态时不一样，由需要看病的人或其家属和鬼对话，鬼的意思通过老魔媒拉讲的话表现出来。按照这个老魔媒拉的讲法，老魔媒拉是进入到一定的精神状态后，担任人和鬼对话的媒介。这种老魔媒拉类似于北方汉族地区的香头。这位老魔媒拉认为，生病是因为人死后变成的鬼折磨病人造成的。对鬼进行祭祀后，鬼自动走或将鬼赶走，病人的病就好了。需要看病的人看病时需要带一只红公鸡，两斤左右的猪肉、一包糖、一个鸡蛋、香和纸进行祭祀。如果不是病人自己去看病，还需要带病人的衣服。

---

① 周相卿：《黔东南雷山三村苗族习惯法研究》，117页，贵阳，贵州人民出版社，2006。

（二）自然崇拜

1. 树崇拜

布依族地区的树崇拜主要有两种情况，一种情况是直接将树当作神灵崇拜和祭祀。者述村的布依族村民中敬树的人家很少，一般都有直接的目的，比如保佑儿童的健康成长等等。在有的布依族聚居地方的村寨中，直接将寨子中的大树作为整个村寨保护神。本章第二节在分析者述村中五个自然寨祭神立法制度时将介绍晴隆县规模村的规模上寨、规模中寨和规模下寨的祭祀神树制度。第二种情况是，村中的一些大树虽然不被集体祭祀，但是却被人们认为有灵性，受到习惯法的保护。板王寨南面沿着河边有一片风景林，特别大的树有 11 棵。这片林地是寨子共有，任何人都不能砍伐。村民们还说，这些树具有神性，如果树木受损，寨子中就会有人出问题。甚至大的数枝折断都会对寨子里的人有影响。从树木的颜色可以看出年景的好坏。这就相应地形成习惯法规则，树与寨子的群体利益相关，对树的损害就是对人的利益的损害，任何人都不能随意对树进行砍伐或者修剪。即使是从世俗的角度而言，各个自然寨的风景树都是习惯法保护的对象。者述村现行的村规民约第九条规定：“严禁乱砍和盗卖寨内风景树，违者除赔偿外，每桩处罚款 100 ~ 300 元。”从田野调查掌握的情况看，五个布依族自然寨没有乱砍滥伐风景树的案例。

关于树崇拜的情况，在贵州的很多苗族聚居地方也存在与者述村布依族群众相似的信仰。例如 2003 年在黔东南雷山县调查时，了解到方祥乡格头村认为村中的一些特别大的树有灵性，这些树被尊为神树，受到祭祀。2000 年左右，村中有一棵古老的已死去一百多年的大秃衫倒了，这棵树活着时被祭祀，倒了也不能按常规处理，树枝不能当柴烧，树干只能公用，或安置好。这棵树倒在农田里，农田的主人请鬼师念经，杀了一头猪祭祀，举行完仪式后，才把树干抬开，平整好田地。人们认为树已经成神，倒了也要送它。[①] 在丹江镇的猫猫河寨，村民们介绍说寨子的守寨树是一片树林，人们认为树的颜色变化都能预测村里的事。[②] 但是在苗族地方没有发现过像晴隆县规模三寨那样群体祭祀树神的情况。中国内地的汉族地方也有将一些生长特别好的大树作为容易生病的小孩的干爹或干妈的情况，但是非常少见。

2. 桥崇拜

者述村也有敬桥的，但是一个寨子只有几户人家敬桥。如果有的小娃娃被算命先生认为短命，就制作一个桥，有的敬十年，有的敬二十年，人们认为木桥能够使过路人方便，从而积阴功，使小孩长命。敬桥一般是准备一些菜和一些酒祭一下。敬大的桥时，要请老魔先生参与。通常的情况下，每年的阴历正月十五修理桥并祭祀。

者述村等布依族地区的敬桥与雷公山地区苗族地方的敬桥有很大的不同。苗族地方的敬桥具有普遍性，基本上是每一家都有自己所敬的桥，每年的阴历二月初二还是公认的敬桥节。在敬桥节期间，当地苗族不分男女老幼都穿上盛装举行敬桥仪式。由于当地认为敬桥对儿童有特别的意义，敬桥的最重要目的之一是求助桥神保佑生育和护佑儿童健康成长，使寨子里人丁兴旺。敬桥祭祀仪式过后，许多村寨都举行传统的娱乐活动。

无论是布依族聚居地方还是苗族聚居地方的敬桥，都与汉

① 参见周相卿：《黔东南雷山三村苗族习惯法研究》，51页，贵阳，贵州人民出版社，2006。

② 同①，113页。

族地方的文化有重大的不同。布依族聚居地方和苗族聚居地方的敬桥的神圣意义是桥本身也是被崇拜的对象，认为桥就是桥神。汉族地区也有修桥补路积“功德”的观念，汉族地区的这一观念来源于佛教中的因果报应说，认为修桥补路有利于他人行走是积阴德，而根据因果报应说，积阴德会受到好报。但是在汉族地区修的桥本身并不是崇拜的对象。

(三) 祖先崇拜

布依族地区在祖先崇拜方面，接受汉文化的影响比较多。不仅仅是者述村的布依族，在所调查的贵州黔南布依族苗族自治州和黔西南布依族苗族自治州的多个布依族村寨中，每一家的堂屋中，都有敬奉祖先的牌位，牌位的左右两边和上面都有红字写的对联。布依族地区的祭祀方式与汉族地区的相似。不过汉族地区由于新中国成立以后，受到主流文化观念中无神论的影响，多数人家中已经不再保留这些牌位。就祖先崇拜而言，布依族地区也与侗族地区的一些地方相似。

布依族地区的祖先崇拜形式与苗族地区是有差异的。我们以雷公山地区的雷山县境内为例进行比较可以看到，雷山县西部环境好一些，受汉族的影响比较大。在雷山县西部望丰乡青山寨调查时，也发现村民的堂屋中有汉字写的祖先牌位。但是在雷山县的多数地方，并不是祭祀敬奉牌位，而是将祖先用过的一些物品作为祭祀敬奉的对象。

二、基督教文化及其对习惯法内容的影响

者述村五个布依族自然寨中者述寨的村民普遍信仰天主教，是国民党时期传进来的。“文化大革命”时期将天主教的财产全部没收，房子也被砸坏。在“文化大革命”以后的 1987

年，国家拨款7万元修天主教的教堂，包工头是贵州天主教会一个官员的儿子，房子出了问题不能用。20世纪90年代后上级又拨款3万元到民政局，并要求与建设局协调将教堂修好。可是建设局请的四川包工头不按规范修建，导致在修建的过程中房顶全部落下。当时正好有7个人在施工，其中有2个人是本寨的。这7个人中2人重伤，5人轻伤。现在又有5万元拨到民宗局，民宗局不将钱拿出，说是需要县政府批准，而县政府一直没有批复下来。这样，教堂的围墙还在，只是上部没盖好。在路边看到后会留下很深的印象。者述村现在正式入教的有100人左右，其他的人都是信教而不入教。全寨的人每个星期六和星期日举行宗教活动，人们过的节日除了中国的传统节日、布依族的节日以外，还有天主教的复活节和圣诞节等。

村民们说他们遵守的天主教戒律主要有10条。其内容是："第一戒，我是你的上帝耶和华，曾将你从埃及的为奴之家领出来，除了我之外，你不可有别的神。第二戒，不可为自己雕刻偶像，也不可做什么形象仿佛上天、下地和地底下、水中的百物。不可跪拜那些像，也不可事奉它，因为你的上帝我耶和华是忌邪的上帝。恨我的，我必追讨他的罪，自父及子，直到三四代；爱我、守我戒命的，我必向他们发慈爱，直到千代。第三戒，不可妄称你的上帝耶和华的名字；因为妄称耶和华名字的，耶和华必不以他为无罪。第四戒，当纪念安息日，守为圣日。第一日到第六日要劳碌做你的工，但第七日是向你的上帝耶和华当守的安息日。这一日你和你的儿女、仆婢、牲畜，并你城里寄居的客旅，无论何工都不可做；因为六日之内，耶和华造天、地、海和其中的万物，第七日便安息，所以耶和华赐福与安息日，定为圣日。第五戒，当孝敬父母，使你的日子在你的上帝耶和华所赐你的土地上得以长久。第六戒，不可杀人。第七戒，不可奸淫。第八戒，不可偷盗。第九戒，不可做假见证陷害人。第十戒，不可贪恋人的房屋，也不可贪恋人的妻子、仆婢、牛驴，并他一切所有的。”教民都强调严格遵守天主教的戒律，不准偷、不准抢、不能拿别人的东西以及不能调戏妇女等，即使是别人的针掉在地上也不能捡。

现今布依族文化和天主教文化发生冲突的内容已经被天主教文化取代。由于天主教徒信仰这些戒律，对当地的布依族文化特别是习惯法文化产生了很大的影响，由于戒律的第一条禁止同时信仰他神，这些布依族村民已经放弃了当地的自然神崇拜，与当地原始宗教相对应的习惯法规范也就不能对这些村民产生约束作用了。由于第二条禁止崇拜和制造别的偶像，历史上流传下来的其他布依族村民信奉的代表神的石头就不被崇拜。第四戒规定每星期有固定的日期要休息，不能参加劳动，这就形成了当地天主教徒不同于其他布依族村民的自己独特的习惯法规范。布依族的教民遇到布依族的世俗节日都过，如阴历的三月初三、六月初六和九月初九等。只是在过三月初三的节日时，不参加敬神仪式。天主教民不再保留布依族的鬼信仰，教民有病时找医生吃药，而不是请“老魔先生”祭鬼治病，“老魔先生”在教民中的地位会受到影响。20世纪50年代以前的国民党统治时期，有一个本寨男人没有坐家的妻子残废，这个男人就重新找了一个妻子，还生了一个女儿。天主教的神父说按照天主教的规矩不能这样做，这个男人又把其小妾卖掉，将其原来的妻子接回。有些天主教的戒律与当地的布依族习惯法内容相一致，如不准偷、不准抢和不可奸淫等等。

第二节　祭祀山神制度与习惯法规范

一、祭祀山神制度

布依族地区普遍存在祭祀村寨的保护神制度。各地的祭祀制度有共同的特征，也存在很大的差别。为了加深对者述村中五个布依族自然寨祭祀山神制度的理解，我们这里主要用两个典型布依族村寨的祭祀村寨保护神制度进行比较，同时也介绍一些苗族和侗族地区的情况。两个典型的布依族村寨分别是位于贵州省西部北盘江流域，黔西南布依族苗族自治州东北角的晴隆县境内的规模三寨以及位于贵州省西南部北盘江支流打帮河流域，安顺市镇宁布依族苗族自治县境内的坡孝寨。

（一）祭神的地点和神位

关于布依族地区群体祭祀村寨保护神的地点和祭祀的对象，不同的布依族聚居地方存在的差别很大。者述村的板王寨、平定寨、哄度寨、违逢寨和者述寨五个自然寨除了者述寨因为信仰基督教，绝大多数人不参加祭祀山神活动外，其他四个自然寨的村民时至今日依然共同在被五个自然寨呈扇型包围的一个山峰的最高处祭祀山神。这个地方原来是附近12个布依族自然寨共同祭祀山神的地方。现在其他行政村的人不再来祭祀了。从这个山峰到山脚下的各个布依族村寨是很远的。调查的过程中笔者曾经找一个向导带路到祭祀地点实地勘察。上山时从板王寨到只有四户汉族人家居住的半山腰上的平定寨大概是路程的三分之二，都是走没有长草的山路，从平定寨往山顶走就看不见路了。有树的地方相对好走。但稍不注意，身体裸露的部分就会被树的枝叶刺伤或划伤。没有树或者树枝少的地方都被一米多高的草覆盖，看不见路。多亏带路的向导多次参加祭祀山神，才没有迷失方向。村民们说，以前可以看清山路，近些年来，犁地都用手扶的拖拉机，村民们已经不再养牛了。没有人上山放牛，原来的山路没有人走就被草覆盖了。每次祭祀山神时，头一天都要派出一些人砍树割草，以方便人行走。12 点 10 分从位于山脚下的板王寨上山，14 点走到祭祀山神的山顶，用了 1 小时 50 分钟。回来时从另一个方向走到了哄度寨。由于是下山，完全被草覆盖的地方比上山时要少，路程相对近些，15 点 25 分开始下山，16 点 25 分走到山下，只走了 1 个小时。山顶上没有专门的庙房，在一棵小树下立着一块石头，就是三月初三祭祀山神地点的标志。这块石头是历史上流传下来的，埋在土下的部分无法看清。看见的部分是长条形，青白色，表面很光，大约有 50 厘米高，25 厘米宽，15 厘米厚，好像是经过一些加工的样子。山上并没有这种材质的石头，估计是当地布依族的祖先在其他地方选好抬上山的。在当地布依族群众的心里，这块石头就是神。在准备实地看祭祀山神的地点时，带路的向导在距离代表山神的石头 35 米左右的地方就不敢再靠前，这位向导虽然多次参加祭祀活动，却不知道石头的样子。笔者只能自己到放神位的地方观看和照相。

者述村有两个祭祀山神的地点。上面提到的是五个布依族自然寨共同祭祀的地点。除此之外，哄度寨虽然人口很少，但本寨有一个单独的祭祀山神的地方，一般是在五个村寨祭祀山神的前一天祭祀。地点是在寨子南边半山腰上的一棵树下，供奉的山神的标志也是一块石头，有高 40 厘米左右的半圆形部分暴露在外面。

晴隆县规模村的规模上寨、规模中寨和规模下寨都是祭祀自己所在自然寨中被人们共同认可的神树，他们祭祀的树都是在紧靠村寨的小山头上。规模上寨专门主持祭祀神树的寨老去世了，神树被风吹倒后死了，已经有5年多没有举行过祭祀神树活动。规模下寨也已经多年没有举行祭祀神树的仪式了。现在只有规模中寨还在祭祀神树。规模中寨位于一个相对高度80米左右，山坡比较平缓的小山冈的一边。小山冈上长了很多树，顶部也比较平缓，顶部中心有一棵当地称为黄角树的大树。这棵大树根部的直径有两米多，从两米高左右就分成很多枝干。由于枝繁叶茂，树底下常年不见阳光，连草都不能生长，整个小山包的顶部都笼罩在这棵树的树阴下。大树根部的一侧平放有一个四方的石板，是祭祀时使用的石桌。

坡孝村的布依族群众也祭祀神庙。这个自然寨坐落在山脚下，在靠近山的地方，修了一座高约1米、宽约1.5米的类似于布依族房屋缩影版的小石房。小石房的后面靠山，前面修有五层的石头台阶，虽然小石房本身不高，但是因为修在山脚下的高处，人们在小石房前面的场地上祭祀时，还是有居高临下的感觉。2007年调查时，村民们在石房内放有一块竖起的石头，石头上缠有两圈红布条，从小房子的外观看，类似于汉族地区的“土地庙”。这个神庙中供奉的石头就是村寨的保护神。2009年阴历的六月初六调查时看到，小庙里面的石头已经被换成了两块好像是半身人像的石头，也就是原来的一块石头变成了代表男女的两块人像石头。不到三年时间，自然崇拜的标志变成了神人崇拜的标志。

如果把在贵州各处布依族村寨调查的情况进行比较，就会发现，在历史上相对封闭，接受汉文化影响比较少的地方，布依族村民们群体祭祀的对象，都属于典型的自然崇拜。而受汉文化影响比较多的地方，被祭祀的神往往被请进村寨，“住”进房子中。陈国钧在《安顺苗夷岁时志》一文中这样讲到：

“六月初六日当地汉苗夷各村寨中，有土地庙者，皆于是日大事庆祝。”① 这里的“汉”是指汉族，“苗”是指苗族，“夷”是指布依族。这里讲的安顺是指民国时的安顺县，西部与坡孝村所在的扁担山地区相邻，都属于北盘江的支流打帮河流域的上游地区。这说明这一带布依族村寨神庙是受到汉族土地庙文化的影响，才让神“住”进了小房子。有些布依族地方的神庙不是建在寨子里面，而是建在通往寨子的路旁。在贵州黔南布依族苗族自治州惠水县的龙泉寨，寨中村民全都是布依族，这个寨子的神庙就建在距离寨子两百多米远的路边。神庙里面供奉的是七块竖起的底部由水泥固定的石头，而坡孝村供奉的是一块石头。2009 年 3 月在黔西南布依族苗族自治州贵定县盘江镇中落海寨调查时，发现寨子的保护神已经在形式上与汉族地区的土地庙一样了，小房子里面没有了石头，而是立着一个木板上用毛笔写有汉字的牌位，木牌上写的是“土地公婆之位”。这里离贵阳市很近，自然条件好，受到汉文化的影响更深。

在贵州黔东南苗族侗族自治州苗族聚居地方的雷公山地区的雷山县境内，一些历史上很少受到外来文化影响的处于雷公山腹地的苗族村寨中，村民们将一些自然的树和大石头作为崇拜和祭祀的对象，神灵并没有被请进房子中。而在一些受到汉文化影响的地方，寨子中往往有几处“菩萨堂”，虽然名称中有佛教术语，但与佛教信仰没有任何关系。这种“菩萨堂”是以家族为单位修的，建筑的样式和布依族地区村寨中的神庙差不多，里面也是供奉一块或者几块石头。但是这种“菩萨堂”并不是以村寨为单位修建的，而是以小家族为单位修建的。者述村中的汉族是“文化大革命”期间才从册亨县的北部搬迁去

① （民国）陈国钧：《安顺苗夷岁时志》，原文发表在 1941 年 3 月 22 日《社会研究》，见《贵州苗夷社会研究》，北京，民族出版社，2004。

的，这以前者述村所在的册亨县的南部，全部都是布依族居住。当地的祭祀制度应该是一种原始形态。

2009年笔者到黔东南苗族侗族自治州榕江县侗族居住的大利寨调查时，寨子中并没有类似于土地庙的神庙，而是敬“萨麻”。“麻”是大的意思，“萨”是奶奶的意思。“萨麻”的意思就是女的神。在寨子中一相对高的平台上，建有一个高1.5米左右，直径3米左右，周围用石头垒起的土坛，也称作萨坛。萨坛的上面中心是一把伞代表萨，周围插有十面三角形的小旗子，伞和小旗子都是黑色的。这个侗寨的先民来到大利这个地方后，就建起了这个萨坛，没有重新换地方修过，只是在坏了时修整一下。新中国成立以前祭祀萨麻神的时候，要杀一只鸡，把鸡血倒入酒中，每个家庭的家长都要喝血酒对神表态发誓。现在没有恢复这种仪式活动。《中国侗寨文化》一书中描写广西龙胜各族自治县北部的平等村的文化时有这样一段说明：“土地神，多在寨旁、桥头、厅边、山坳口等地方，大多建有土地小庙，以砖砌或石板砌围而成，一般有1平方米大，衙寨寨门的土地庙，有1.5平方米宽，1.5高。小庙内侧或刻或写有‘本境土地的神位’。有的无神位，只有木雕或石雕的神像。”[①] 贵州东南部、湖南的西南部和广西的西北部共同构成了一块属于南方方言的侗族集中聚居的区域，平等村就在这个区域内。从这本书描述的情况看，相对于上面我们提到的贵州的布依族和苗族地方而言，平等村受到汉族文化的影响更大一些。由原始方式的庙中供奉石头演变为“本境土地的神位”或“木雕或石雕的神像”。

贵州的布依族和苗族在历史上都没有自己的文字，而一些汉文资料的记载又往往笼统和简略，根据这些资料不可能追溯

① 吴浩主编：《中国侗寨文化》，300页，北京，民族出版社，2004。

一个具体村寨的历史。根据上面苗族、布依族和侗族地区现存祭祀制度的比较分析，我们可以提出这样的规律假设：第一，人们的祭祀对象最初都是纯自然的山、石、树、河流和泉水等自然物，让被崇拜的神灵“住”进房子中，是受到汉族文化的影响。但是代表神灵的也往往是一块石头，只有在一些历史上受其他文化影响特别大的地方才可能演化成人们有意识雕刻成的人或其他动物形状。如佛教和道教崇拜的神像是人的形状。第二，祭祀的群体开始的时候是以家族为单位，逐步演化为以居住的一个村寨或者多个村寨为单位。由血缘单位演化为地域单位。

（二）祭祀的时间

布依族地区群体祭祀村寨保护神的日期并不完全一样。布依族的主要节日有农历大年初一、正月十五、正月二十九、三月初三、五月初五、六月初六、七月十五、八月十五、九月初九等。在贵州多数布依族聚居地方，群体祭神的时间是阴历的三月和六月。者述村境内的布依族村民是在阴历三月初三祭祀山神。规模村的规模上寨、规模中寨和规模下寨祭祀的时间都不一样。规模上寨是阴历五月二十到五月三十之间按十二属相选择日期举行祭祀仪式，规模中寨是阴历六月初一到六月三十的第一个虎日或猴日举行祭祀仪式，规模下寨是阴历六月初六举行祭祀仪式。扁担山地区的坡孝村布依族每年的阴历六月初六群体祭祀神庙。

清朝时的文献就记载黔西南地区的布依族“每岁三月三日宰猪牛祭山，分肉各寨，男妇饮酒，食黄糯米饭，苗语以是日为扸山，犹汉语呼为祭山神也。三四两日各寨不通往来，误者罚之。六月六日栽插已毕，又宰祭分食如三月，呼为更将，汉语过小年也”[①]。说明祭祀山神制度是当地布依族的传统，三月初三、六月初六和春节都是当时布依族的重要节日。

者述村与其他几个地方的布依族群众之所以在具体的祭祀时间上有这么大的差异，与布依族地区的日历文化传统有密切的关系。布依族没有自己的文字，在历史上历法的观念并不是很强。虽然从上面提到的文献资料的记载看，清朝的前期就已经使用阴历来确定祭祀的日期，但实际上日历文化传入后，也往往是只有极少数的人掌握。民国期间陈国钧在《安顺苗夷岁时志》一文中针对当时贵州安顺一带的苗族和布依族的日历文化，作了这样的记载：“各种苗夷所行之历法，均系阴历，但大都不记日期，亦不知正朔，家有历本者甚少；计算日期，通常以十二支所属生肖（鼠、牛、虎、兔、龙、蛇、马、羊、猴、鸡、狗、猪）推算，盖因赶场日期均以此为据，然能推算此种日期者仍甚稀少，大多数人皆不知本人出生年月日，某事发生在何日过一月后是不能记其确定日期，若隔一年以后，对于日期更觉茫然，仅能知其在桃花开，栽秧时，谷子黄等时节发生而已。”[②] 陈国钧讲的这一地区处于贵州至云南的交通要道，布依族居住的地方基本上都是自然环境比较好的平坝地方，受到历代统治者的重视，属于受汉文化影响比较大的地方。者述村所在的册亨县南部和规模村所在的晴龙县西部当时更加偏僻，受到汉文化的影响更小。祭祀的时间不同，是由于各地日历文化传统不同造成的。在贵州的偏僻少数民族地区往往都有“活路头”制度，由专门的人掌握某些生产活动的开始

---

① （清）爱必达：《黔南识略》，见《黔南识略·黔南职方纪略》，223页，贵阳，贵州人民出版社，1992。

② （民国）陈国钧：《安顺苗夷岁时志》，原文发表在1941年3月22日《社会研究》，见《贵州苗夷社会研究》，北京，民族出版社，2004。

日期。虽然这种“活路头”制度有其神圣神秘的地方，但从其社会功能而言，是因为多数人不能掌握节气文化，为了不超前或者延误农时才需要这种制度。

（三）祭神的仪式内容

贵州布依族地区保留群体祭祀制度的村寨在祭祀的程序和目的方面，存在有很多相同或相似的地方。关于祭祀的目的，都希望神灵保佑村寨安宁、风调雨顺、粮食丰收等等。在祭祀之前，都有专门的人员负责筹措祭祀用品，祭祀的费用由参加祭祀的人平均承担。在祭祀活动举行完毕以后，都是集体会餐。

者述村布依族在举行群体祭祀山神活动时，按照习惯都是由第一次调查时在者述村担任村党支部书记的那个村民负责筹措祭祀用品。最近几年祭祀时都是每家平均出钱买一头大猪、三只鸡和一条狗。在祭祀神灵的山顶上距离神位 50 米左右的地方有一截石头垒起的很矮的石墙，带路的向导说是过去祭祀时杀牛用的，这说明以前祭祀时是用牛肉。在举行祭祀仪式时，请一位哄度寨的 60 多岁的老魔先生（人们用汉语称为法师）主持，用布依族语言念经，请神享用祭祀用的酒和食物。主持这种集体祭祀的只能是黄姓人家的人，但这不是因父子继承形成，而是自然形成的。主持人要对神讲，大家都来敬你，要保佑寨子的安全。主持人也宣布村寨中人们应该遵守的规矩，要求山神对违反者给予惩罚。山顶上有石头垒的放锅煮肉的灶台。祭祀仪式举行完毕以后，村民用自己带的锅和水煮肉吃，如果吃不完就平均分。除了汉族不参加这种祭祀山神活动外，还有一个例外，这就是由于者述寨的人普遍信仰基督教，按照基督教的教义，信仰者不能信仰其他的神而不能祭祀，现在这个自然寨中的两个村民小组中只有一个人参加祭祀活动。

村民们认为吃东西时都要讲规矩，吃菜时不能选，不能乱说话。每人只能吃自己面前的菜，不能多吃。人们传说国民党统治时期有一个老者在敬神的时候，偷偷地将一块肉藏起来，自己带回家吃，后来病死了，他自己临死的时候讲出了这件事。

由于现在规模村三个自然寨中只有规模中寨还保留有群体祭祀树神的传统，这里只介绍规模中寨的情况。传统上规模村的三个自然寨祭祀的地点并不一样，规模中寨祭祀神树的程序与者述村相似。祭祀仪式完毕以后，村民们到寨子中间一处专门用来组织集体活动的场所会餐。规模中寨的村民们说，以前祭祀时宣布人们应该遵守的规范，人们平时发现财物被盗找不到证据以及发生纠纷等时候，有求助于树神主持公道的做法。最近几年在祭祀过程中已经不再保留宣布规范的内容，也没有发现有人求助于树神主持公道的实例。这是由于交通便利后，当地由于修电站，外来人员增多，村中出外打工的人也越来越多，导致了一定程度的文化变迁。

坡孝村在 1989 年以前没有人出外打工，在家的人多，每次祭祀时要杀一头猪。按照传统，敬神时使用的猪肉都必须在敬神的地方吃，不能拿回家。现在占到村中五分之三人口的年轻人都在外面打工，在家的人少，如果杀一头猪就会吃不完，也就不再杀猪。2008 年六月初六祭祀时是买一定数量的猪肉，但是人们认为必须买一个猪头。人们敬神的心是虔诚的，认为有猪头就代表有一头猪。当地的布依族村民特别喜欢吃狗肉，2009 年六月初六这一天祭祀时，买了两条狗进行祭祀。按照传统，在敬神的过程中，每个人都在神庙前发誓，不偷不抢，不能做损害村里的事情。如果做坏事，受到报应等等。最近一些年，由于外出打工的人员太多，在祭神时连每个懂事的未成年人都要参加并发誓的传统程序都已经不能严格执行了。村民们介绍说，坡孝村在群体祭祀神社时也有强调村民应该遵守相应规范的程序，要求人们自觉遵守。通过对村里制定的成文村规民约的考证可以发现，仪式上宣布的村规民约的内容与以文字形式公布在墙上的村规民约的内容并不是很一致。村民委员会墙上公布的村规民约的落款是2005年，共有十条内容，有七条内容是关于计划生育的，还有一条是不准乱占用耕地建房。显然，这种村规民约受到国家的影响比较大。而村干部写在笔记本上在仪式上宣布的内容则有很大的不同。

二、对群体祭神制度与习惯法关系的分析

中外学者们普遍认为原始宗教信仰与习惯法的关系密切。穗积陈重在20世纪30年代出版的《法律进化论》一书中论述原始宗教禁忌与法律的关系问题时，认为原始宗教禁忌是习惯法的起源。“在国家组织未成或将成之文化初期，能为社会的规范，拘束民众行为者，以对于神及其他不可思议的势力之畏敬或恐怖为最多且最强。故某事不可为，或为之必招灾祸之信念，盛行于某民族间时，其信念即为产生其民族间行为规范之原因，亦即法律感觉（Rechtsgefuhl）之萌芽也。”① 张晓辉教授认为在生产力极不发达的原始社会中，“不允许他们之中的任何个人违反禁忌而给氏族或部落带来鬼的报复。这种情况加强了禁忌的约束力。使禁忌中的约束力除了具备神秘的超自然力量之外，还具有了人群组织的力量”②。大量的文化人类学田野调查资料证明这些论断是正确的。原始宗教能够得到传承的重

---

① ［日］穗积陈重：《法律进化论》，黄尊三、萨孟武、陶汇曾、易家钺译，415页，北京，中国政法大学出版社，1997。

② 张晓辉：《论傣族原始禁忌的起源及社会功能》，见徐中起、张锡盛、张晓辉主编《少数民族习惯法研究》，98页，昆明，云南大学出版社，1998。

要原因之一是其有维护社会秩序的功能，并不仅仅是因为信仰。虽然敬神的最主要目的是保佑大家幸福安康，但仍包含有习惯法意义。通过上面对实例的描述和比较分析，我们可以将者述村几个布依族自然寨集体祭神制度与习惯法关系归纳为以下几点：

（一）祭神与习惯法的实体内容

1. 祭祀山神活动中包含有当地布依族习惯法立法的内容

维护村寨的秩序是村寨安宁的重要保证之一。按照传统，在祭祀神灵的仪式上宣布村民们应该遵守的规范，就会使这些规范披上神圣的外衣，从而具有宗教禁忌的性质。村民们认为违犯禁忌的言行与某种结果之间存在对行为者不利的神秘危险关系，违犯者会受到神灵的惩罚，生病或受到其他的报应。这为人们自觉遵守相应的规范提供了宗教保证。清朝时的文献就记载黔西南地区的布依族“诸苗讦讼，一经汉奸播弄，虽至死不吐实情，必先拘其指使之人，而后可以发其覆，否则谓背盟不详，必干鬼怒也。盖其信巫畏鬼之心甚于畏法。汉奸每先与之宰鸡莅誓，谓之吃血”①。这种记载说明了当时在布依族地区民间原始宗教对司法的影响。宗教禁忌与世俗强制力的关系密切。当某种禁忌性质的规范对群体有意义，违犯时不仅会受到内心强制，还会受到社会公认的外部力量强制时，这种禁忌性质的规范就属于习惯法的内容。具有禁忌性质的习惯法规范具有双重的强制力保证实施，只有在心理的强制不能发挥作用时，才需要外部的强制力保证实施。因而这种习惯法的双重强制力性质与纯粹的世俗习惯法规范相区别。但人们在仪式上宣

① （清）爱必达：《黔南识略》，见《黔南识略·黔南职方纪略》，223页，贵阳，贵州人民出版社，1992。

布的规范有些是具体的，比如不准偷窃。者述村的布依族传统上对偷窃者的处罚方法是将偷的东西挂在偷窃者的脖子上游街。仪式上宣布的有些规范并不具体，比如说不准做坏事，指的就是不准做按照当地的文化属于不道德的行为，严重违犯者就是违反习惯法。在当地，如果与按当地习惯法结婚但没有长住婆家的女子发生性关系，被女子的夫家知道，女子夫家的家族就会对这个男子进行惩罚。者述村的一个案例是将违犯者捆绑在树上毒打。被惩罚者的家族并不进行保护。

在2007年5月和2008年12月，笔者两次到黔南布依族苗族自治州惠水县甲戎乡青河村的冗鱼寨进行布依族习惯法田野调查。当地阴历正月初三敬土地庙，庙的样式与坡孝村相似，与坡孝村不同是庙里供奉的石头不是一块，而是九块。石头是从山洞中取回的，形状似人形。祭神的仪式和内容与坡孝村相似。20世纪80年代，村民们在土地庙前制定了一个制度，就是任何人都不能到冗鱼寨后山上的风景树林处砍柴，违反者，处罚的方式是按照每家一斤肉、一斤米和一斤酒的标准请全寨的人吃饭。20世纪80年代有过三个处罚的实例。第一例是有一本寨的村民违反这一规定到这里砍柴，被处罚请全寨的人吃了一顿饭，惩罚了当事人，也教育了其他人；第二例是山后陈姓的一户汉族人烧田地里的草时引发山火，殃及这块林地，请全寨的人吃了一顿饭；第三例是外寨的人到冗鱼寨的地界砍柴，不能主动接受处罚，寨子中的青壮年一起到这家，将这家的肥猪拉到寨子中，大家吃猪肉聚餐。当时的冗鱼寨是一个行政村，村干部曾经将本寨的民约事前分送相邻的各村，告诉他们违反者一定会被处罚，内部违反者处罚，外面违反者也要处罚。

2. 村民在祭祀过程中必须遵守的一些禁忌就是习惯法规范

在祭祀过程中，人们不能大声喧哗，祭祀物品的使用分配等必须符合传统规范的要求，在神圣的地方不能吐口水，不能随地乱扔垃圾等等。前面曾经提到在者述村几个布依族自然寨祭祀山神后吃饭时都要讲规矩，吃菜时不能选，不能乱说话。每人只能吃自己面前的菜，不能多吃。这些在平常非特定场合下看来的小事，却是人们在举行祭祀过程中必须遵守的规范，否则就会被认为是对神的不敬，被认为威胁到群体的利益。美国著名人类学家霍贝尔认为："一旦社会的成员认为作孽的行为所带来的恶果可能波及整个群体，而不是仅限于作孽者本人时，通常那种作孽的行为便也成了犯罪。"[①] 这种祭祀过程中具有禁忌性质的规范也分为两种情况。其一是如果某些规范在一定区域内虽被不特定多数人信服，但人们认为违反规范所招致的后果仅限于行动者本人，即使此人违反了这些规范，外部的社会力量也不会干涉。这种规范仅仅是依靠内心强制来保证实施，不是习惯法规范。反之，如果人们认为某项祭祀过程中具有禁忌性质的规范和群体的利益相关，如有违犯，会导致群体公认的外部强制力介入，这种规范就具备习惯法的性质。

（二）祭祀的山神在特定情况下是理想的裁判者

在人们的心目中，神是公平与正义的化身，是村民们心中的执法者。美国法律人类学家霍贝尔认为世俗的法律不足以解决纠纷时，"这种超自然力还作为一种法律程序的救济手段，渗入到法律的习惯之中。应该指明，它不是作为实体法规则的渊源，而是当人们没有确凿的证据以查明案件的事实情况时，作为一种判决的方式和执行手段。求助于它的方法是立誓、占

---

① ［美］霍贝尔：《初民的法律——法的动态比较研究》，周勇译，292页，北京，中国社会科学出版社，1993。

卜和神判”[①]。霍贝尔通过对爱因纽特、特罗布里恩德岛人、切依因纳人、基奥瓦人和阿散蒂人的分析，发现“在初民的法律中，通过占卜、赌咒、立誓和神判等方式求助于超自然来确定案件事实的情况是非常普遍的”[②]。板王寨的一位布依族村民们说，老百姓都不懂国家法，懂山神。如果有人丢了东西，在找不到证据时，有时就会带上祭祀用的香、纸和鸡鸭等求山神主持正义，惩罚小偷。

前面提到，人们传说国民党统治时期有一个老者敬神的时候，偷偷地将一块肉藏起来，自己带回家吃，后来病死了，他自己临死的时候讲出了这件事。在布依族地方调查时，没有发现当代比较典型的人们认为“灵验”的神判案例。在这里举一个在苗族聚居地方调查的案例。2005年，笔者主持司法部课题项目在全县人口百分之九十五以上都是苗族的贵州省台江县调查时，人们介绍了2005年南宫乡某村有一个采用传统上的砍鸡头的方法裁决纠纷的案例。具体情况是，这个村寨有一户村民在山上开垦了一块地，这块地的周围有一棵树，如果新开垦的这块地属于承包地，根据村规民约和传统上的习惯，土地周围一丈五尺以内的树木属于有土地使用权的人。可是这户村民的土地是自由开垦的，不能适用这一规定。因而，这棵树就不应该属于这户村民。但这户村民与相邻山地使用权的村民发生纠纷，主张对这棵树的所有权。村里调解不成，具有相邻山地使用权的村民就说，如果你敢砍鸡头，这棵树就属于你。对方买了一只鸡，请来鬼师念鬼，双方发过誓言砍了鸡头以后，两个人分开。结果，没有头的鸡扑向开垦土地主张树的权利的村

---

① ［美］霍贝尔：《初民的法律——法的动态比较研究》，周勇译，293页，北京，中国社会科学出版社，1993。

② 同①，299页。

民，溅了他一身的鸡血。这个人过了几天就生病了，眼睛看不见东西。2005年农历十二月二十四日这个人就死了，死亡的时候51岁。故此，村民们都说，不是自己的东西不能要。在这个案例中，按照神判的规则，砍过鸡头以后，两个人向两个方向分开，没有头的鸡跑向哪一方，哪一方就败诉。鬼师念过鬼以后，双方要发誓，说如果自己理亏就像鸡一样死。在台江举行神判的这个寨子，位于雷公山的北麓，原始宗教信仰的文化保留得比较好，鬼神信仰的气氛浓厚。这个案例中，举行仪式以后，败诉的一方着急引发眼病，心里发闷最终病死也是可以理解的。这并不能证明是神鬼的力量。但是，这一案例出现后，产生的影响还不止在这个寨子。由于人们与外面的交往，这一案例越传越远，越传越神秘。这样，也就越来越加重人们原始宗教信仰的气氛，增强了人们对神判的信任程度，而使神判更具权威性。[①] 很多少数民族地方的神明裁判制度之所以传承至今，就是因为这一制度在调解民间纠纷、化解民间矛盾方面有其独特的意义。

具有禁忌性质的习惯法规范的存在有其特有的价值。有些案件，由于证据不足，村乡两级调解不了，起诉到法院也不能平息纠纷。从功能主义角度进行分析，在法律关系主体之间意见不一致时，现代法的适用是以证据为前提的，“在乡土的熟人社会中，这种可以查验的证据是不易找到的，即使是找到了，有效性又是极难把握的”[②]，就因为如此，从国家法的程序内容来看，法院的判决结果不一定是公正的。而具有禁忌性质

① 参见周相卿：《台江县五个苗族自然寨习惯法调查与研究》，175页，贵阳，贵州人民出版社出版，2009。

② 赵旭东：《权力与公正——乡土社会的纠纷解决与权威多元》，134页，天津，天津古籍出版社，2003。

的少数民族习惯法却有其独到之处。如果人们信仰神灵或者其他超自然力，就会认为超自然的神鬼无所不知，必然会做出公正的判决。由于人们非理性地认为神判是灵验的，从效果上看，一些习惯法适用的效果可能更优于国家法适用的效果。

当然，任何事情都不是绝对的。我们也不能说当地的所有具有禁忌性质的习惯法规范都是有价值的，都与个人的法律心理一致。人们对规范的选择往往以是否有利于自身的利益为标准。如果人们掌握了国家法的知识，能够进行自由选择，那么可能在个人利益与习惯法冲突时的很多的场合，不采用习惯法而选择国家法。即使是按照村民的观念，很多习惯法的内容也不一定都是合理的。正如村民们所说的那样，人们懂山神，不懂国家法。也就是说，村民们了解自己的习惯法文化，能够以之预测适用后可能出现的结果，无法掌握国家法的内容，因而往往规避国家法，而选用习惯法。

（三）禁忌性质的习惯法规范被自觉遵守的前提条件

具有禁忌性质的习惯法规范在人们内心发挥作用的基础是人们信仰超自然或某种神鬼的力量，相信在违犯行为与某种不利结果之间有一种神秘关系，其“约束性及其强制性的制裁，需要特定的宗教氛围，尤其需要当事人（个人乃至整个群体）坚信不疑”①。在人们的观念中，某些经过在祭祀仪式宣布具有禁忌性质的规范与超自然或某种神鬼的神秘惩罚相联系，无论是有意还是无意，谁违反了这些规范的内容，都会受到神秘的强制性的惩罚。如果不违犯，就是在某种结果和某种原因之间树起一道屏障，从而阻断这种原因和结果之间的神秘交感，避免出现不希望得到的结果。当地的人们普遍认为，如果违反了

① 金泽：《宗教人类学导论》，242页，北京，宗教文化出版社，2001。

这些禁忌性规范，或者要引起自然神或善鬼的不满，或者引来恶鬼受到伤害，而不违反这些禁忌性规范就不会出现这些结果，从而在心里怀有敬畏之情。上面已经提到，者述村多次参加祭祀山神活动的中年向导竟然不知道代表山神的石头是什么样子。规模寨的寨老们也介绍了人们普遍相信的种种祭祀树神时灵异的故事。典型的一个故事就是有一年祭祀神树时，猪肉的质量不好，神树上就有很多的蛇。人们认为这是说明神灵不满意。这些故事都说明了人们对超自然力量的信奉程度。但由于地理位置、外来文化的影响等因素，传统的文化模式一旦发生变迁，原始宗教观念发生变化，以禁忌形式出现的规范就很难得到很好的实施。关于神圣的事物，现在人们还不能从科学角度找到判定的合理根据。在当地，由于历史传统的影响，具有禁忌性质的规范的社会影响还会长期存在下去。

本章归纳与思考

当地的布依族村民信奉老魔先生与老魔媒拉是因为人们认为世界分为人的世界和鬼神的世界，而老魔先生与老魔媒拉是人和鬼神世界沟通的媒介。在神圣习惯法的制定和实施方面，需要老魔先生在仪式上将人的愿望转达给神鬼。者述村的五个布依族自然寨中，由于其中的一个自然寨普遍信奉天主教，布依族传统上与群体祭神相关的习惯法制度对这个自然寨就不会发生作用。当地每年举行的群体祭神活动，最主要的目的是祈求神灵保佑村寨的安宁和村民的幸福。而宣布习惯法规范，意图借助于神的权威保障这些习惯法的实施是群体祭神活动的重要内容。这并不是说，宣布的规范仅仅是依靠神的力量保障实施。一旦有人不顾及神的权威而故意违犯，世俗的民间强制力就会发挥作用。自然崇拜中的树崇拜导致了保护特定树木的习惯法规范。

从非理性[①]法向理性法的转变是法的发展规律之一。法国社会学家雷蒙·阿隆讲到："用韦伯的话说，原始社会有平常的事物和特殊的事物之区别。用涂尔干的话来说，有世俗的事物和神圣的事物之区别。因此，人类宗教历史之初是一个布满圣物的世界。到了我们这个时代它就到了终点，这就是马克思·韦伯所说的世界醒悟阶段。神圣的东西或特殊的东西在人类的冒险事业之初是附在我们周围的事物或生物之上的。"[②] 人类早期的原始法往往都是被赋予神圣意义的包含有非理性因素的法。现在完整保存下来的最早成文法典《汉穆拉比法典》序言中写到："安努与恩利尔为人类福祉计，命令我，荣耀而畏神的君主，汉穆拉比，发扬正义于世，灭除不法邪恶之人，使强不凌弱。"[③] 安努是天神，恩利尔是地神，意思是这部法典来自

① 从法与宗教关系的角度，立足于人或者国家本位，从社会现实出发，通过分析、阐释、逻辑推理和概括，形成法律思想，以这种法律思想为基础的法律就是理性的法律。立足于神鬼本位，将法看成是神鬼的要求，不能用科学的实证知识进行说明的法律，就是非理性的。根据哈贝马斯在《在事实和法律之间——关于法律和民主法治国的商谈理论》一书中的归纳，韦伯在三个方面使用"合理的"一词：一是规则合理性，即行为规范具有可预见性，其他人可以运用高度形式化推理预知行为的结果；二是目的合理性，具体是指合理性程度的高低，取决于它在多大程度上不受盲目结果或类似自然的传统的引导；三是科学合理性，把以符号系统传承下来的专家的智力工作的结果称作是合理的。这种合理性就是受广义的科学方式引导的思维的结果。文中的合理性属于第二种用法。参见［德］哈贝马斯：《在事实和法律之间——关于法律和民主法治国的商谈理论》，童世骏译，562页以下，北京，生活·读书·新知三联书店出版，2003。

② ［法］雷蒙·阿隆：《社会学主要思潮》，葛智强、胡秉诚、王沪宁译，366页，北京，华夏出版社，2000。

③ 《汉穆拉比法典·序言》，载《外国法制史资料选编》上册，北京，北京大学出版社，1982。

于神的意志。这部法典的结尾部分，以国王的名义下咒语，要求后世遵守这部法律。从西方自然法学的发展历史来看，古希腊思想家们认为作为法终极标准的自然法是神的统治原则，人定法应符合自然法。古罗马的伟大法学家西塞罗认为真正的法律与自然相适应，上帝是这一法律的制定者。作为古罗马法渊源的《法学总论——法学阶梯》第二编第十一条规定："各民族一体遵守的自然法则是上帝神意制定的。"[①] 西欧中世纪时期，托马斯·阿奎那把法律划分为永恒法、自然法、神法和人法，人法的效力最低。一直是到了近代，"实证实验和数学思维的科学已逐步把神圣不可侵犯的东西从这个世界上清除了出去，并把我们置于一个可加利用，但没有意义的宇宙之中。……宗教在这个物质的、已经醒悟的世界上只能退居到意识的深处，只能朝万能的上帝或人们身后的命运那一边逃遁了"[②]。中国的古代法也是以是否符合天意为判断好坏的标准。人们认为，皇帝制定违背天意的法律，触怒上天，必然导致王朝的更替。只是到了近现代，撵走了上帝阴影的理性法观念才被引入我国。进化论学派的重要创始人之一、被尊称为人类学之父的英国人类学家泰勒在人类学研究中，阐明并使用了残余法理论，其基本原理是，人类早期的原始状态与现代野蛮部落的状态在很大程度上相符合，尽管有差异，但他们都有一些共同的文化因素，这些因素是早期状态的残余，文化的残余沿着文化发展的道路留下了一个个里程碑，研究残余有助于探索历

① ［古罗马］查士丁尼：《法学总论——法学阶梯》，张企泰译，11页，北京，商务印书馆，1996。

② ［法］雷蒙·阿隆：《社会学主要思潮》，葛智强、胡秉诚、王沪宁译，366页以下，北京，华夏出版社，2000。

史发展的过程。[1] 残存法在人类学研究中长期被采用，学者们以现在的落后社会或文化因素的实例，作为历史残余说明过去的状态，与古史资料相结合，可以解开古代史特别是原始社会史上一些难解之谜。现代文明社会中的人们的祖先在无文字的原始社会中究竟是什么样子，使用残余法可以对此进行推测。我们这里想象到的是非理性的以原始宗教信仰为基础的，或者说是借助于宗教力量的社会控制模式。进化论方法也往往将我们引入一个歧途，那就是认为一切原始的就是落后的，应该抛弃的。

古人认为："贵州僻在偏隅，而苗疆尤为阻绝。其地则屹崖毒箐，瘴疠丛生。"[2] 史继忠在《贵州民族文化解读之一：多元共生》一文中谈到多种民族文化得以保存、发展的原因时讲到："本民族的文化在这一群体中世代传承，势必日益发展，特色鲜明。山川的阻隔，无形中起到保护作用，山里山外，不同的民族文化各自发展，文化传承大于文化传播，以至'十里不同天，十里不同俗'。"[3] 贵州很多地方的少数民族习惯法恰恰是与适应高山阻隔的地理环境与人文环境，对维护村寨的社会秩序发挥着重要的作用。从本质上看，者述村几个布依族自然寨的村民信奉山神，与世俗佛教、基督教、伊斯兰教以及道教等宗教对各自崇拜对象的崇拜，没有什么区别。人们将规范的神圣意义，并不是因为观念原始或者愚昧，恰恰是人们悟透了规范赋予神圣意义的社会价值。

---

① 参见黄淑娉、龚佩华：《文化人类学理论方法研究》，28页，广州，广东高等教育出版社，1998。

② 《贵州通志艺文志·乾隆黔南识略·三十二卷》，转引自游建西：《近代苗族社会的文化变迁》，7页，贵阳，贵州人民出版社，1997。

③ 史继忠：《贵州民族文化解读之一：多元共生》，见贵州民族学院历史系编：《贵州民族论丛》，贵阳，贵州民族出版社，2002。

第四章　村民自治制度与布依族习惯法

如果严格依照《中华人民共和国村民委员会组织法》的相关规定制定村规民约，习惯法的内容就无法在村规民约的内容中体现出来。因为没有国家以外的强制力保证实施的规范不可能成为习惯法规范。一些少数民族村寨利用村规民约的形式体现习惯法的一些内容，依照国家法律选举的村民委员会也有一定的民间赋予的强制执行权力。

第一节　历史背景分析

新中国成立后，由于经济体制、政治体制、社会文化以及指导思想的变化，少数民族地区民间习惯法制度的存在空间被不断地压缩。首先，国家以集体主义为核心指导思想建立新的社会控制系统。其形式是国家的行政系统与中国共产党的组织交织在一起直接渗入基层。国家的权威逐步取代长老的权威，传统的寨老制度受到冲击。特别是“文化大革命”期间，寨老制度被认为是落后的制度，采用各种手段被破坏，一些民族地方的寨老制度进一步崩溃，寨老在村寨活动中的作用不断缩小。其次，实行生产资料集体所有制，并按照“按劳分配”原则进行分配。从田野调查的材料看，贵州的布依族地区在新中国成立以后，也普遍进行了土地改革，经历了组织互助组，成立初级农业生产合作社，发展到高级农业生产合作社，最终发展到人民公社制度。册亨县从 1954 年开始在当时的者楼乡试办第一个初级农业生产合作社。经过大办农业生产合作社、大办高级农业生产及人民公社化运动，到 20 世纪 60 年代初，在全县范围内普遍实行生产队为基础，公社、大队和生产队三级所有的人民公社制度。①

"文化大革命"后出现了少数民族习惯法复兴的趋势，其直接原因在于国家对乡村直接控制的弱化。经济基础决定上层建筑，社会存在决定社会意识是马克思主义的基本原理。对农村基层以至于对农民的教条似的管理并不适合我国农村的现实情况，这样会严重阻碍农村经济的发展。因而人民公社制度的废除是历史的必然。贵州很多少数民族地区的农村相对于内地而言，经济文化情况更为特殊。因而在国家经济发展过程中，一定程度上恢复过去的经济文化传统更有利于社会的稳定和经济的发展。

从全国范围看，计划经济时期，实施的是国家通过生产大队和生产小队的干部领导农民。农民被束缚在土地上，到外地住宿需要介绍信，吃饭需要粮票，个体手工业者在外地往往被遣返回乡，农村户口注定要面朝黄土背朝天地干农活。在国家的强力管理下，农村的社会治安非常好，但经济发展缓慢。从 20 世纪 70 年代末开始，国家开始从使用金字塔式权力机构严格控制的计划经济体制向市场经济体制缓慢地变迁。国家对社会的直接控制弱化，国家对社会直接控制弱化的直接后果就是，村一级干部领导农民的权力被严重削弱。国家强调法治，

① 参见《册亨县志》，233 页，贵阳，贵州人民出版社，2002。

人们的人身权利和财产权利受到了国家法律的保护。因而，计划经济时期国家实际赋予村级干部的处理纠纷和其他事物的执法权基本丧失。村干部和村民小组长原有权威逐渐弱化的结果是使社会控制的链条上出现了真空地带，导致了某种程度的社会无序状态。国家开始在20世纪80年代的初期搞农村社会治安综合治理，不得不采取“严打”措施，司法人员大量增加，特别是法庭受理的案件数量快速增加。此时，少数民族村寨中习惯法的复兴，满足了稳定社会秩序的需要，不断填补着权力的空白。可见，秩序的需要为习惯法的复兴提供了空间。

计划经济时期，国家在赋予村级干部权力的同时，又采用上级监督、工作组监督以及群众运动监督等形式监督生产大队和生产小队这两级干部。农村实行土地承包制，人民公社体制实际崩溃之后，生产小队干部原有的管理经济的权力已经不存在，村一级干部管理经济的权力虽然基本上不存在了，但是还保留了其他的一些权力。由于国家监督管理体制的变化，村级干部不用担心在政治运动中受到惩罚，难以受到监督。在一些地方，甚至出现基层干部采取牺牲本社区利益，为自己牟取私利的情况。这导致了干群关系紧张。为了让群众监督村干部，国家扩大基层民主，推行了村民自治制度。在贵州的很多民族地区，村民们可以利用村民自治的形式将习惯法内容村规民约化。

第二节　村规民约与布依族习惯法之关系

在贵州的一些苗族、布依族和侗族等少数民族聚居区，不同程度地存在有这样的情况，国家以法律的形式推行村民自治制度，要求制定村规民约。村规民约的内容有国家政策法律规定的内容，也有当地少数民族习惯法的内容。

者述村的村规民约实质上分为两类：一类是成文的村规民约，其适用对象是整个行政村，包括汉族，同时这种村规民约要上报镇政府审查是否符合国家法律的相关规定。2004 年 12 月 10 日者述村民大会通过，2005 年元月 1 日起实施，调查时还在适用的《秧坝镇者述村村规民约》如下：

秧坝镇者述村村规民约

为维护广大村民合法权益，促进全村经济发展，稳定本村秩序，根据有关法律、法规和条例的规定，制定本村规民约。

第一条：村民应尊老爱幼，保护妇女的合法权益不受侵犯。

第二条：严禁虐待老人和妇女儿童，违者本村将处罚款 50～100 元，情节严重的移交司法机关处理。

第三条：为维护和稳定本村农业生产的发展，坚决杜绝放敞牛敞马破坏庄稼，违反者除赔偿损失外，每次每头（匹）处罚款 100～200 元。

第四条：严禁畜、禽践踏秧田和栽秧后的农田，违反者，除赔偿外，每次每头牲畜处罚款 50～100 元，每只家禽处罚款 5～10 元。

第五条：牲畜践踏应为农作物、损失户或他人把牲畜牵到途中或在现场未达成协商赔偿损失之前，被牛主或别人干扰，把牲畜私自抢回、拒绝赔偿的，除赔偿损失外，每头处罚当事人或牛主 200 元，并奖励拉牛者 30 元。

第六条：严禁偷盗行为，违者除赔偿外，每次处罚款 50～100 元，构成犯罪的移交司法机关处理。

第七条：严禁在他人田地里倒垃圾（烂玻璃、碎碗片等），违者一次处罚款50元。

第八条：严禁偷放乱放他人秧田内的水，违者一次处罚款50~100元。

第九条：严禁乱砍和盗卖寨内风景树，违者除赔偿外，每桩处罚款100~300元。

第十条：严禁偷拔他人苗木，违者一次每株赔偿0.5~10元；栽后拔除的，每株赔偿5~10元，并每次处罚款50~100元。

第十一条：严禁放敞牛敞马践踏苗木，有违反者，造成苗圃受损的，每株赔偿0.1~0.5元；造成栽后一年苗木损失的，每株赔偿2元；栽后两年苗木的每株赔偿4元；三年苗的每株赔偿6元，并处罚款100~200元。

第十二条：严禁在河里电鱼、毒鱼、炸鱼，违反者，一次处罚款50~100元，情节严重者，移交上级有关部门处理。

第十三条：严禁投放毒药。凡投毒导致他人家禽牲畜伤亡的，承担全部经济责任，并一次处罚款100~200元，造成严重后果的，移交司法机关处理。

第十四条：严禁冒领、宰杀他人牲畜、家禽，违者一次处罚款100~300元，情节严重的，移交司法机关处理。

第十五条：针对反映的各种矛盾纠纷问题，经村组织调解成功后，调解费由无理的一方全部承担。双方在接到调处意见书规定的期限内，既不履行职责，又不向上一级机关申请处理的，该意见书视为生效，若当事人不履行调解协议又拒绝执行处理结果的，村调解委申请政法部门配合执行，并折金赔偿有关的损失。每出现一次处罚当事人200元。

第十六条：经村调解委组织调处的各类矛盾纠纷，无论调处结果如何，任何人不得阻止、干扰组织调处，造成矛盾纠纷无法调处的，每出现一次处罚款200元，情节严重的移交司法机关处理。

第十七条：经村调解委调处成功的各种矛盾纠纷，任何一方不得反悔，若有反悔的，村、组一律不再受理，若因反悔造成不良后果的，处罚款200元。

第十八条：严禁包办未达到法定婚龄的子女结婚，否则按《计划生育法》有关规定给予处罚。广大村民必须遵守计划生育政策和法律法规，若出现计划外怀孕和无证生育的，一次处罚款100~300元。

第十九条：严禁隐藏窝藏未落实计划生育有关手续的流动人口到本村包山，违者处罚款100~200元。

第二十条：计划生育手术对象应在小孩出生后三个月内到镇计生服务站作相应手术，除特殊情况（剖腹产、妇科病严重等）有证明外，超期的将处罚款200元；妇检对象，每季度不参加一次妇检的，处罚款100元。

第二十一条：拒送子女入（复）学和不送子女读完九年义务教育的，处罚款200元。

第二十二条：严禁破坏公共设施、违者除强行修复或赔偿损失外，每次处罚款50~100元。

第二十三条：对村民议事会决定的各项公益事业建设，村民必须积极参与集资或投工投劳，无故不参与造成任务完不成的，每桩处罚款200~300元。

第二十四条：严禁赌博，发现一桩，处罚赌者

200元，窝赌者300元，观看者50元，屡教不改者，扭送司法机关处理。检举揭发者奖100元。

第二十五条：严禁小偷小摸行为，发现一次，处罚款100~300元，情节严重的移交司法机关处理。

第二十六条：严禁隐藏窝藏包庇各种违法犯罪分子，违者处罚款100~300元。

第二十七条：严格用火管理，严禁放火烧山，若失火烧山，或烧房屋的，除赔偿损失外，处罚款200~300元，情节严重的，移交司法机关处理。

第二十八条：严禁酗酒闹事，扰乱群众正常生产生活秩序，违者处罚款100~200元。造成严重后果的，移交司法机关处理。

第二十九条：无论谁违反以上任何规定被处罚拒交罚款的，村委会有权督促追回无理方的财产折金抵罚款或赔偿有理方的各种损失。

第三十条：本村规民约经2004年12月10日者述村民大会通过，定于2005年元月1日起执行，望全村村民共同遵守。

第三十一条：原者述村村规民约同时废止。

者述村党支部

者述村民委员会

二〇〇四年十二月十三日

者述村村规民约中反映国家农村政策的内容有很多，比如第十八条规定："严禁包办未达到法定婚龄的子女结婚，否则按《计划生育法》有关规定给予处罚。"也有与国家法相矛盾的地方，比如关于罚款问题，这个村规民约总共有31条，其中有 27 条规定对相应的行为给予罚款。这种罚款的规定并不是民族地区村规民约独有的特点。有些规定反映了这个村的特点，但是在条文上都很隐晦模糊。比如第十五条规定："针对反映的各种矛盾纠纷问题，经村组织调解成功后，调解费由无理的一方全部承担。双方在接到调处意见书规定的期限内，既不履行职责，又不向上一级机关申请处理的，该意见书视为生效，若当事人不履行又拒绝执行处理结果的，村调解委申请政法部门配合执行，并折金赔偿有关的损失。每出现一次处罚当事人 200 元。"第二十九条规定："无论谁违反以上任何规定被处罚拒交罚款的，村委会有权督促追回无理方的财产折金抵罚款或赔偿有理方的各种损失。"在实践中，村民委员会有一定的强制执行的权力，我们在第七章第二节将进行详细分析。

另一类专门适用于几个布依族村寨的村规民约则是隐性的。村民委员会或村民调解委员调解纠纷时也适用这些规范。笔者在册亨县调查的过程中也曾经发现过布依族习惯法规范直接影响法院判决的案例（见第八章第二节第二点）。这种隐性的村规民约之所以不能成文化，一是因为这个行政村有一部分汉族，另一个原因是村规民约还要经由上级政府审查。

从调查过的黔南布依族苗族自治州和黔西南布依族苗族自治州其他几个布依族聚居地方村寨中的村规民约的内容看，与者述村的情况相似。其传统的习惯法规范内容很少写入成文的村规民约中。这和贵州境内一些习惯法传统保留比较好的苗族地区不同。从调查的情况看，相对于布依族地区而言，在黔东南雷公山地区的雷山县和台江县境内处于雷公山腹地相对封闭的苗族村寨中的村规民约反映习惯法的内容更为丰富。其绝大多数成文的村规民约中都将可预见到的不是与国家法严重冲突的习惯法规范内容写入，其中包括很多与国家法冲突的内容。这些村规民约中的很多内容实际上是传统上的苗族习惯法穿上了村规民约的外衣。但由于使用了村规民约的形式，现在传统形式的议榔立法活动就很少开展了。但即使是传统习惯法保留最好的一些苗族聚居地方，也并不是将所有的习惯法内容都写入村规民约。如婚姻习惯法规范问题，从笔者调查过的苗族、布依族和侗族聚居地方的村规民约中，从来就没有发现过写入婚姻习惯法实体内容的条款。

第三节　农村基层组织对纠纷的调解

一、村民委员会和村党支部的一般情况

由于乡镇一级的领导班子经常换届，而村一级领导班子相对稳定。因而，村一级的影响力很大。村一级组织主要是村民委员会和村党支部。在习惯法实施过程中发挥重要作用的主要是村党支部书记、村民委员会主任和村民调解委员会主任。

村民委员会组成人员都是严格按照村民委员会组织法规定的程序选举产生的。村民委员会主任、村民委员会副主任和村文书的产生方式是由各小组的小组长和代表在村里开会，提名候选人，谁得票多就提谁。提名后，村党支部主持将候选人名单送到镇里，报2个主任人选，3个副主任人选，镇里都是同意的。最后经由村民选举，得票数多的当选主任、副主任。村民们选的一般都是能干的。2007年5月调查时的村民委员会主任是汉族，已经连续任了2届，两次选举都是高票当选。得票多的原因是办事公正，有能力，能够为群众的利益讲话。

者述村党支部换届时，党支部书记由镇党委提名，提4个候选人，2个正的，2个副的。全村的党员投票选举，谁的票

多，谁就当选。党支部成员在村里发挥作用的主要是支部书记。

2007年调查时，村民委员会主任、村党支部书记、村文书（兼会计）每人由镇里补助150元（2006年是100元）。从这些村干部的工作任务看，补助的标准是很低的。关于村干部的补助标准各个县并不一样，在贵州一些经济条件相对好的县，村干部的补助标准要高一些。2008年在贵州省遵义县调查时，发现当地的党支部书记基本上都是乡镇下派的干部，国家补助其他主要村干部每月400元。贵州的很多民族地方由于国家给的补助太低，村民们都不愿意担任村干部。

2008年5月调查时了解到，2007年12月村民委员会换届时，所有的村民委员会主要成员，包括主任和会计都落选；党支部的书记在换届时也没能连任。调查的过程中了解到，这些村干部落选的原因之一是村干部将国家下发的修村级公路的占地补助款用于修公路，村民们怀疑村干部经济上有问题，在换届投票时就不再投原来村干部的票。

二、农村基层组织对纠纷的调解

者述村农村基层组织对民间纠纷进行调解和监督执行体现了国家法规定的村民自治制度和历史上自然形成的民间强制执法权的有机结合。中国当代农村基层组织的权力结构中，一般情况下，村民委员会主任和村党支部书记的权力大致是相等的。在完成上级交办的任务时，工作侧重点有所不同。在一些民族地方农村基层组织调解民间纠纷时，村民委员会主任和村党支部书记在村民的心里不过都是本寨的寨老，只是称呼不同而已。

关于纠纷的调解，一般邻居之间的纠纷，首先是由村民小组长调解，解决不了，再介绍到村里解决。村里解决时，须交调解费50元，哪一方输，哪一方承担。由于调解必须是双方自愿，调解之前双方各交50元，解决后将赢的一家的钱退回。这50元调解费全部交到村里，用于购买纸、笔等办公用品。

村里组织调解纠纷时，规定需要进行调查时必须有两个以上的村干部参加。遇到大的纠纷，村党支部书记、村民委员会主任和村民调解委员会主任都必须在场。调解小的事实清楚不需要调查的纠纷时，调解委员会主任一个人也可以。大的纠纷要制作调解笔录，而小的纠纷有时口头解决即可。1989年6月17日国务院发布的《人民调解委员会组织条例》第九条规定："经过调解，当事人未达成协议或者达成协议后又反悔的，任何一方可以请求基层人民政府处理，也可以向人民法院起诉。"者述村的做法是没有达成调解协议的或者案情比较大或者比较复杂的，村委会都移交乡镇一级解决。

案例：

关于者述寨岑××私自砍毁坝围寨潘××户梨子湾顶桐子树案

秧坝镇人民政府：

2005年12月30日接到坝围组潘××户反映，说者述二组岑××户在梨子湾顶地方砍毁潘家的桐子树较多，要求村一级领导尽快调查，给予处理。村接到反映后，于2006年1月6日，由者述村主任陈子文同志组织镇林业站伍金高、岑迁杰两位同志深入实地调查，并召集双方当事人在场。岑××户砍毁桐子树是2005年12月15日，并以土地纠纷为借口，未经过哪一级领导在场协商调解过，而私自砍毁桐子树，砍毁树子数目过大。经双方当事人在场共同清点，总共大小合计达158棵。且桐子树损失达到八年栽种时间。经组织双方调查调解，存在意见分歧很大，同时，每棵预计损失40元，合计估算总损失达到6320元，已超过村的处理权限，特移交镇人民政府按有关法律法规处理为谢。

者述村民委员会

2006年1月11日

从这份村民委员会的公函来看，案中涉及的金额比较大。如果是没有正当理由的故意毁坏，应该受到国家法律的处罚。村民委员会没有如一般的纠纷一样先调解，而是直接上报秧坝镇人民政府解决。

案例：

关于者述村二组骆××私自放野火烧、砍毁伟仲组杨××户“菜地湾”桐子树的反映

秧坝镇人民政府：

2006年3月2日接到伟仲组杨××户的电话反映，说者述二组骆××在“菜地湾”放火烧、砍毁她家的桐子树较多，要求村一级领导尽快调查给予处理。村接到反映后，于2006年3月3日，由村主任陈子文同志配合镇林业站人员杨仙等两人一行到者述二组骆××家中进行了解，并召集骆××的家属黄××、伟仲组杨××户深入实地查看。调查后，村主任陈子文和镇林业站的杨仙，伟仲组的胡××、龙××

及双方当事人在现场一直等待，骆××的家属黄××未到现场。由于骆××是当事人，身体弱智以及耳聋等，什么都不懂，经以上人查看现场确实事实存在，清点烧毁桐子树108棵（大小）、砍毁桐子树45（大小）棵，合计共烧、砍毁桐子树153棵。村主任与林业站人员都一同向双方当事人打招呼，在地界未明确之前，不允许任何一方在该宗地乱动工，否则一切责任由动工的一方负全部责任。由于当事人一方骆××不听从招呼，继续到该宗地栽种杉树，2006年3月13日伟仲组杨××来到该宗地看见二组骆××正在该宗土地上栽种杉树套种在桐林里面，就将骆××栽的杉树拔出，双方争吵，准备打架。2006年3月14日骆××的家属黄××前来反映，说杨××户把我家栽好的树拔出较多，要求村一级领导尽快调查给予处理。村接到反映后，于2006年3月15日由村主任陈子文召集双方当事人及骆××家属黄××，二组组长吴××、群众代表岑××等6人到实地查看，清点杨××拔出栽放桐林里的杉树共计51棵，当时，双方存在意见分歧很大，协调相关损失未果。经村具体了解，该纠纷为土地界线不清而产生。被火所烧、砍毁的153棵桐子树，每棵预计损失15~20元，合计估价总损失达2060~2295元，已超过村级的处理权限。经村两委研究，特移交镇人民政府处理为谢。

册亨县秧坝镇者述村民委员会

2006年3月17日

这一案件中涉及的金额比上一案件的小，但是案情比上一案件复杂，村干部感觉到无能为力，同样是上报秧坝镇人民政府处理。

有的案件秧坝镇人民政府认为村民委员会有能力解决，但是没有经过村民委员会调解的程序，发回村民委员会处理。

案例：

关于者述村坝围组丁××与张××
土地权属争议的情况说明

者述村民委：

由于者述村坝围组丁××与张××为土地权属发生争议一事，镇人民政府已行文处理，但按照县法制办的要求文件不够规范，要求重新行文，后坝围组群众称，该宗纠纷未通过村组干部协调解决，要求协调处理，故现请你村干部配合住村干部重新协调处理。原秧坝镇行的文件同时废止。（秧府发［2005］03号）

秧坝镇人民政府办公室（公章）

2005年8月27日

从这份材料可以看出，一般的纠纷，必须经过村一级调解以后，乡一级才调解。在调查的黔东南苗族侗族自治州雷公山地区苗族聚居地方、黔西南布依族苗族自治州的其他几处布依族聚居地方和主要是汉族聚居的遵义地区的一些村寨，当地也都是采用这种分级调解的做法。者述村村民委员会对案件的调解与汉族地区相比，有非常大的差别。首先，者述村的村民委员会有一定的强制执行的权力。一般情况下，在汉族聚居的地区，村民委员会没有任何强制执行的权力，因为国家法律没有赋予村民委员会这种权力。其次，调解的纠纷案件的性质有重大的区别。在汉族地区，村民委员会不可能调解离婚案件。而在一些少数民族地区，一些按习惯法结婚的离婚案件往往由村民委员会调解处理。最后，民族地区的村民委员会调解民间纠纷时，往往以地方的习惯法为依据。

三、寨老在调解纠纷过程中的作用

布依族聚居地方的寨老指布依族村寨中人们公认的德高望重的长者。虽然新中国成立以后，传统的布依族村寨社会组织模式遭到了一定程度的破坏，但由于一些特殊地方民间社会的需求，寨老调解纠纷和维护习惯法的制度在 20 世纪 80 年代以后还是得到了一定程度的恢复。从调查过的贵州不同地区的几个布依族村寨的情况看，寨老在村寨都发挥着比较大的作用。村寨中的重大问题都必须与寨老们协商处理。一般情况下，村党支部书记、村民委员会主任或者村民委员会的调解委员会主任等调解民间纠纷，但是寨老平时在适用习惯法解决民间纠纷过程中也发挥着重要的作用。从者述村的情况看，主要表现为以下几点：第一，家庭内部纠纷主要是传统上的寨老调解，要求村民委员会调解的非常少，2006 年板王寨兄弟二人的妻子争家产、土地和老人的遗产，就是寨老调解的；第二，选举产生的布依族村干部、村民小组长基本上都是人们公认的寨老；第三，一般情况下，布依族自然寨内部的纠纷首先是由家族内部长者或本寨的寨老调解，家族内部长者或寨老解决不了的才到村里、乡政府调解或者起诉到法院；第四，寨老有对传统习惯法规范的解释权以及特定习惯法的维护和变通权，这是因为年轻人不懂得过去的一些规矩；第五，村民委员会调解纠纷时，都邀请寨老参加。从成文的村民委员会调解案例的记录来看，都注明有本寨的寨老参加。

本章归纳与思考

新中国成立以后，册亨县与我国其他地方一样，实行计划经济体制下的人民公社制度。由于国家控制的不断强化，民间原有的布依族习惯法制度不断受到冲击。在计划经济向市场经济转变的过程中，由于维护社会秩序的需要，传统的布依族习惯法制度在一定程度上得到复兴。在者述村，由于在“文化大革命”中迁入一部分汉族，五个布依族自然寨中的一个自然寨村民普遍信仰天主教，村规民约中反映出来的习惯法规范内容并不是特别突出，主要的习惯法规范都是隐性的。村民委员会在事实上有一定的强制执行权力，但这在村规民约中表现的并不是非常明确。按照传统习惯法制度，寨老负责调解民间纠纷，现在是村民委员会和党支部的主要负责人与寨老共同调解民间纠纷。但起主导作用的是村干部，而不是寨老。

就贵州几个主要的少数民族聚居地方而言，在习惯法文化传统保留得比较好的地方，村规民约对少数民族习惯法的体现程度主要取决于以下几个方面：一是县乡两级政府对习惯法的默认程度。我们以苗族地区为例，在黔东南苗族侗族自治州的台江县，由于95%以上的人口都是苗族，政府对很多民间习惯法规范实际上是默认的，调查过的几个村寨的村规民约中，体现当地习惯法的程度都比较高。而在相邻的剑河县，虽然少数民族人口也占到90%以上，但是主要的民族成分是侗族和苗族，而侗族在历史上相对于苗族而言受到汉文化的影响比较大，调查过的两个纯苗族居住的行政村的村规民约中，也很少体现有当地习惯法的内容。村规民约需要乡一级政府的认可才能实施，被当地政府否定的规范内容无法写入村规民约。二是行政村中的民族成分比例情况。如果一个村寨都是由一个少数民族组成，文化传统相同或特别相近，如果能够得到当地乡一级政府的认可，村规民约中就有可能体现出更多的当地习惯法内容。三是组成行政村的各个自然寨对传统文化的传承程度平衡。有的行政村只有两个自然寨组成，而且都是同一个少数民族，但是两个自然寨的距离比较远，文化背景就存在很大的差异，各自坚持自己的习惯法传统，制定村规民约时很多内容自然无法达成共识。

从总体上看，贵州的布依族大分散、小集中的居住特征比较明显，居住的地方自然条件都比较好，历史上受到汉文化的影响比较大。习惯法文化传统保留得不如典型的苗族地区，而与侗族地区相似。者述村所在的册亨县是贵州布依族比例最高的县，布依族人口占到全县总人口的70%多。在调查过的黔南布依族苗族自治州、黔西南布依族苗族自治州和安顺地区的多个布依族村寨中，没有发现过同时具备上述三个条件的行政村，村规民约中体现习惯法的程度都与者述村相似。

根据1989年6月17日国务院发布的《人民调解委员会组织条例》的第九条规定，村民调解委员会调解的民间纠纷“经过调解，当事人未达成协议或者达成协议后又反悔的，任何一方可以请求基层人民政府处理，也可以向人民法院起诉”。第十条规定：“基层人民政府对于人民调解委员会主持下达成的调解协议，符合法律、法规、规章和政策的，应当予以支持；违背法律、法规、规章和政策的，应当予以纠正。”从实践的情况看，民事纠纷中，双方当事人达成协议后又反悔的请求基层人民政府处理意义不是很大，因为就协议的法律效力而言，村民委员会组织调解形成的协议和乡镇人民政府组织调解形成的协议是一样的。因为乡镇人民政府就民事纠纷的处理决定同样无法强制执行。从法理学角度思考，村民委员会或者村民调解委员会主持调解的民事纠纷，如果是争议双方当事人自愿达成一致，内容上符合法律、法规、规章和政策的规定，人民法院应该认可，在必要的情况下强制执行。

第五章 布依族婚姻习惯法

贵州境内的各少数民族习惯法中，保留最完好的当属婚姻习惯法制度。其原因主要是历代的统治者虽然认为少数民族的婚姻制度和国家法的内容不一致，但婚姻问题是家庭内部的事，少数民族与汉族婚姻制度的异同对统治者控制少数民族地区没有太大的影响，虽然也有人提出“正婚姻以端风化”[①]，但基本上没有采用强力进行干涉。同时，婚姻制度与每个人都有关，要采用强力改变这些习俗，历代统治者也是无力做到的。新中国成立以后，虽然国内很多地方的少数民族婚姻习惯法发生了变迁，由于历史传统和地理环境等因素的作用，贵州很多村寨的少数民族婚姻习惯法还是能够自成体系。

第一节 婚姻对象选择的两种形式及其冲突

一、赶表

者述村及其附近布依族地方的“赶表”传统一直保留到现

① 《平黔纪略》卷一九。

在，即使在“文化大革命”期间，这种传统也没有中断。在春节等重要的节庆日、婚嫁和立新房等红白喜事“办酒”时、赶场天和群体祭神结束以后等场合，青年男子可以几个人或者一个人约几个或一个女孩对歌、交谈，可以集体玩，也可以单独谈情说爱。在20世纪70年代以前，玩表时，女的如果对男方有继续谈下去的心意就送给男方鞋、布、背袋等，男的也要回赠女方东西，但行为是不能超越界限的。因此，双方在谈的过程中，连手都不能摸。一个人一生中谈几十个的都有，赶表的方式可以是交谈，也可以是对歌。传统上，这种赶表是以对歌开始。通常都是男青年先找话说笑，吸引姑娘们的注意力。由于有这种文化传统，双方有意就到合适的地方进行“赶表”活动。

布依族地区的“赶表”制度，由于地区不同，各地的称呼也不同。当代文献资料中用汉字写出来的就有“赶表”、“浪哨”、“打老表”、“玩表”、“坐表”、“闹门墙”等等。2007年在惠水县甲戎乡青河村冗鱼寨调查时，当地布依语称为“闹梭锐”，“闹”是玩的意思，“梭锐”是姑娘的意思。在古文献中也借用说明其他少数民族此种文化现象的用语，如使用苗族的“摇马郎”等。在贵州境内的苗族和侗族等很多少数民族聚居地方都保留有类似于布依族地区“赶表”的制度，例如，黔东南雷公山地区南部长裙苗族聚居地方的苗语音译一般称为“游方”，雷公山地区东部的中裙苗族聚居地方苗语音译一般称为“拉大改”，汉语一般称为“摇马郎”；侗族地区一般汉译为“行歌坐月”。云南、广西和海南等省区的部分民族地区也保留有这种传统。虽然布依族地区各个地方有不同的叫法，其他少数民族由于语言不同等原因而导致称呼不同，但活动的形式和活动的内容基本上是一样的，都是一种从远古时代流传下来的青少年男女自由选择婚姻对象的制度，同时这种制度也具有娱乐的性质。

由于布依族自己没有文字，汉文字资料中反映历史上布依族婚姻自由的记载内容也很少。成书于康熙二十九年的《黔书》在描述当时贵阳、都匀、镇宁、普安等地布依族的习俗时这样写到："亦于孟春跳月。用彩巾编为小圆球，如瓜，谓之花球，视欢者掷之，在室奔而不禁，嫁乃绝之。以姿色定聘资，多至牛三五十头。"[①] 这时的册亨地方还不属于贵州，而是隶属于广西，处于土司统治之下，任贵州巡抚的作者没有说明这一地域。镇宁、普安属于盘江流域的上游地区，与册亨地方同属于一个大的布依族文化区。问世于清朝乾隆二十八年的《滇黔志略》一书中对贵州的布依族有过这样的记述："婚姻，皆以苟合始。每岁孟春跳月。用彩布编为小球，谓之花球，视所欢者掷之，奔而不禁。聘用牛只，以姿色定聘资，多至牛三五十头。"[②] 这时的册亨地区已经划归贵州管辖。书中记述的范围也包括这一地区。在家时赶表"奔而不禁"，是恋爱自由，但是"以姿色定聘资，多至牛三五十头"。结婚就不自由了，没有财产就不可能娶到姿色好的了。根据嘉庆十八年收集资料写成的《黔记》中记载当时贵阳、安顺、兴义、平越、都匀等地的布依族中的卡尤仲家"每岁孟春聚会，未婚易女于野外跳月歌舞，彩带结球抛而接之，谓之'花球'，意既洽，彼此互掷，遂私焉"[③]。民国《册亨县乡土志略·风俗》记载：清朝时册亨县境内男女"互通情愫，自相择配后，始通媒妁"[④]。"通

① （清）田雯：《黔书》，见《黔书·续黔书·黔记·黔语》，罗书勤等点校，24页，贵阳，贵州人民出版社，1992。

② 《滇黔志略》卷二十九，《贵州·苗蛮》。

③ （清）李宗昉：《黔记》卷三，见《黔书·续黔书·黔记·黔语》，罗书勤等点校，291页，贵阳，贵州人民出版社，1992。

④（民国）《册亨县乡土志略·风俗》。

媒妁”就是要靠父母决定了。

《中华人民共和国婚姻法》第二条规定“实行婚姻自由”。布依族地区的赶表制度，与现行婚姻法的原则有相一致的地方，但是赶表制度是长期与我国封建时期国家婚姻法冲突的布依族习惯法制度的历史遗留，与现行的我国婚姻法上的婚姻自由原则并不是源自于相同的文化传统。我国婚姻法上的婚姻自由原则源自于近代的西方法文化，布依族地区的赶表制度源自于没有被儒家文化完全同化而传承下来的远古布依族婚姻习惯法制度。在现代社会，赶表制度体现了我国现代婚姻法的婚姻自由原则，同时又有自己独特的特点。赶表与汉族地区的谈恋爱是有区别的，汉族地区的谈恋爱，男女双方需要有一个认识的过程，在大街上，是不能随便乱找姑娘交谈的，否则会被认为男的有问题。但这种赶表制度允许在一些公开的社交场合，男的可以自由找女的唱歌、交谈，女的愿意就可以谈。

二、父母包办婚姻

者述村的布依族在20世纪60年代以前，订婚的时间普遍很早，有的两三岁就订婚。板王寨有一对同一天出生的男女，双方父母给小孩订了娃娃亲，长大后女方曾经想退婚，但是没有退成。女的很聪明，但男的智力不好，讲话不是很清楚，耳朵也不好，并且没有生育能力，小孩是领养的。结婚之前女的没有退成的原因是女的父母不同意退婚。虽然当地布依族的订婚年龄普遍很早，但这种娃娃亲在者述村的几个布依族自然寨中也很少。在20世纪70年代以前，男女双方通过赶表相识自主选择对象结婚的非常少，基本上都是父母包办，有的人通过赶表找过几十个姑娘谈情说爱，但是家里太穷，始终无法结婚。在20世纪80年代以后，大约有50%的婚姻是小时候父母做主决定，女的长大以后赶表找新人从而退婚的。现在由于青年男女都在外面打工，父母在子女小时候定下的婚姻已经不能得到保证。

在者述村调查时发现年龄特别小的娃娃亲并不是很普遍。2007年在北盘江上游流域的晴隆县东部的捧碧村调查时，发现这个村寨的订婚年龄比较小，只要是布依族的大人之间相互喜欢，又不是一个祖先的后代，在孩子几个月大或者一到两岁的时候就开始订亲了。村里的小孩基本上全都是订过娃娃亲的了，极少数没有订。订过娃娃亲的孩子，其他人家是不可以再来订娃娃亲的。已订娃娃亲的一方如果想悔亲，则说一些客观的情况，比如自己有困难的时候，对方没有帮忙之类的话。那么娃娃亲就自然废除了。在这种娃娃亲制度下，侄女赶姑妈的情况比较多，也就是舅舅的女儿优先嫁给姑妈的儿子。最近两年，订这种娃娃亲的越来越少。者述村的娃娃亲现象虽然没有严重到这种程度，但是由于按照布依族的婚姻习惯法传统，家庭条件比较好订亲的时间都比较早，男女双方由于判断能力有限，主要是受双方父母的意志所左右。

布依族地区的父母包办婚姻现象是受中国封建婚姻法影响的结果。在清代，青年确定与谁结婚的合法形式是“父母之命，媒妁之言”。清朝的法律，对于谁有权决定婚事是有明确规定的：“嫁娶皆由祖父母、父母主婚，祖父母、父母俱无者，从余亲主婚。其夫亡携女适人者，其女从母主婚。”[①] 男女自由恋爱私订终身被社会上视为伤风败俗之事，依照法律还要被强制离异并受到相应的处罚。清代，婚姻非常注重其形式，“‘六礼’，即纳采、问名、纳吉、纳徵、请期、亲迎一直是传统的婚姻程序，虽然贫寒百姓未能有如此之繁文缛节，但订婚、结

① 《大清律例》卷十，《户律·婚姻》。

婚是任何人都不能缺少的”[①]。在当时，婚约具有法律效力，双方订了婚就不能随意翻悔，更不允许订婚后再与别人立婚约，否则要承担相应的法律责任，如“若许嫁女已报婚书及有私约而辄悔者，笞五十。虽无婚书，但受聘财亦是，若再许他人，未成婚者，杖七十，已成者杖八十，男家悔者罪亦如之，不追财礼”[②]。当然，法律也规定有毁约的条件，如一方犯罪另一方可以悔婚。

布依族文化研究者的一致观点是认为通过赶表自由恋爱结婚是布依族最远古的传统。例如，韦启光认为：“在受儒家文化冲击之前，贵州少数民族普遍实行自主婚，这是由青年男女通过自由恋爱、建立感情后双方自愿结合的婚姻形式。布依族因其受儒家文化影响较早，所以在明代中期以后就逐步实行包办婚。清代，包办婚已相当普遍。解放前几乎完全实行包办婚。解放初期也仍然如此。”[③] 陈玉平认为：“无从考察布依族包办婚姻具体始于何时，但有一点可以肯定，它最先是受汉民族封建婚姻礼制的影响而产生的。”[④] 布依族有自己的语言，但没有自己的文字，只能用汉族的相关文献进行证明，前面已经说明永乐四年以前无论是当时的国家势力还是有高度自主权力的得到国家承认的地方势力，都没有实际控制册亨地方，这之前不可能有相关的汉族文献资料说明这一问题。关于描述其他布依族地区的汉文文献资料对这一问题往往讲得也比较笼统。

我们从以下几个方面进行分析。第一，布依族是最早居住

---

① 张晋藩主编：《清朝法制史》，372页，北京，法律出版社，1994。

② 《大清律例》卷十，《户律·婚姻》。

③ 韦启光：《儒家文化对贵州少数民族文化的影响》，载《贵州社会科学》，1996(3)。

④ 陈玉平：《论布依族“浪哨”与婚姻的关系》，见《贵州世居民族研究》第三卷，贵阳，贵州民族出版社，2006。

在贵州的少数民族之一，居住的自然条件都比较好。在贵州境内，相对于苗族居住地区等少数民族地方而言，布依族居住地通常都是统治者要重点控制的地方。例如，在明朝初期朱元璋就要求“当谕诸酋长，凡有子皆令入国学受业，使知君臣父子之道，礼乐教化之事”[①]。在贵州建行省之后，儒学在贵州境内得到了广泛传播。而儒家文化中的“父母之命，媒妁之言”的父母包办婚姻方式必然会影响布依族地区。第二，在贵州的一些受到儒家文化影响比较少的苗族地方，近代以来基本上没有存在过父母绝对包办的历史。第三，赶表制度本身就是婚姻自由的形式，如果都由父母包办，赶表制度就没有意义。第四，前面分析的娃娃亲现象是父母包办的极端形式，者述村的布依族受汉族文化影响的历史很短，20 世纪 60 年代以后，政府强制从这个县的北部搬迁一部分人到南部定居。这里订娃娃亲的非常少，当地人认为娃娃亲现象是汉族的文化。而有些居住地离汉族比较近的布依族地方，订娃娃亲的比较多。2007 年和 2008 年调查的北盘江上游流域的晴隆县境内的两个布依族村寨中，订娃娃亲的都占到 50% 以上，其中一个村寨订娃娃亲的占到 90% 以上。娃娃亲的现象当代在有的典型汉族地区也存在。赵旭东对华北农村一个行政村进行田野调查时发现：“子女的婚姻一般都是由父母提前给定下的。在孩子两三岁的时候，孩子的母亲在与人聊天的时候，知道了谁家的孩子不错，就会找个媒人帮着说合。如果对方同意，就选个吉日相互换帖。”[②] 如果从法的角度看娃娃亲现象，在新中国成立以前和 20 世纪 50 年代初期，布依族地区的娃娃亲在习惯法上是有强制性的约束

① 《明实录·太祖洪武实录》。

② 赵旭东：《权力与公正——乡土社会的纠纷解决与权威多元》，84 页，天津，天津古籍出版社，2003。

力的，现在由于文化的变迁，已经演变为一种习俗。

我们可以提出这样的假设，以赶表方式自由选择结婚对象是布依族的远古传统，后来受汉族影响发展为男女采用赶表形式相识后确定婚约，“然后用媒妁，论姿色定牛多寡。”[①]就是当事人通过赶表自己选择后由媒人说亲。再后来发展为父母包办婚姻，娃娃亲是父母包办婚姻的极端形式。现在布依族地区没有订过娃娃亲的，主要是通过赶表这种形式确定婚姻，不过聘礼不再用牛。虽然在汉族地区由于实施新中国婚姻法，父母包办婚姻的现象在新中国成立后的短时期内就很少存在，在一些布依族地区，儒教伦理对布依族婚姻习惯法的影响却在一定程度上保留了下来。

《中华人民共和国婚姻法》第三条规定：“禁止包办婚姻”，第五条规定：“结婚必须男女双方完全自愿，不许任何一方对他方加以强迫或任何第三者加以干涉。”父母包办婚姻由于与国家婚姻法冲突，在20世纪80年代以后不断地发生变迁，现在由于青年人都在外面打工，青年人小时候父母包办的婚姻对象基本上没有约束力了。

20世纪的80年代和90年代初期，人们依照传统的进化论研究模式，有的将赶表推论为母权制和对偶婚制的残余，有人将赶表推论为普那路亚婚的产物。在西方，进入20世纪以后，文化人类学与其他社会科学学科的最大区别之一就是用事实说话，而不是在推论的概念中绕圈子。用现代语言来讲，赶表是布依族青年男女结识恋爱对象的方式，同时也有娱乐的功能。而“父母之命，媒妁之言”是儒家伦理观的体现，儒家思想成为封建立法的指导思想以后，又成为封建婚姻法的核心内容。在儒家思想形成之前的文字记载中，《周礼》就有“中春之月，

---

① 李汉林：《百苗图校释》，151页，贵阳，贵州民族出版社，2001。

令会男女，于是时也，奔者不禁”[①] 的记载。上面提到的清人在文献中描述当时布依族的婚姻制度时用“奔而不禁”，与《周礼》中的“奔者不禁”是同义。

三、赶表与父母包办婚姻的冲突

父母包办婚姻是中国封建婚姻法的特征。赶表制度是布依族婚姻习惯法中的内容。赶表是自由恋爱的一种方式，与父母包办是矛盾的。由于布依族地区普遍存在的这种“谈恋爱自由，而结婚不自由”的矛盾现象，有很多年轻人在赶表的过程中找到了自己心爱的人，可是父母定下的婚事无法退掉。很多的青年人在心里怨恨父母的做法，但又没有办法，心中的痛苦与无奈可想而知。这种心理在一些布依族“赶表”时唱的歌词中表现了出来，有这样一首歌词：

狠心的爹妈，原来他打酒把你待。
你怎忍心把我嫁给他！原来他杀鸡请你到他家。
你看他家金银装满柜，任凭金子铺成路。
你爱他家绫罗挂满家，我也不会活着进他家。[②]

青年男女把怨恨归之于父母，对其父母而言也不是非常公平的。从根源上而言，这实质上是社会文化的产物。事实上，这种婚姻习惯法也是有强制力保证实施的。如果一方悔婚，另一方的家族成员有维护婚姻的义务。所以即使是子女悔婚，在

① 《周礼·地官·媒氏》。
② 刘杰：《黔西南布依族“浪哨”音乐文化之比较研究》，载《贵州大学学报·艺术版》，2005（2）。

表面上，其父母也只能站在另一方的立场上，否则就会遇到大麻烦。通常摆脱这种婚姻的方法就是逃婚。新中国成立以前，虽然逃婚的很少，但还是有的。在者述村，人们介绍说，在新中国成立以前，如果一个按照婚姻习惯法确定了婚姻关系的女的通过赶表跟着其他的男子走了，女的丈夫的家族成员就会集体出动进行追杀。有情的男女双方必须跑到很远的地方躲藏起来生活。离开自己家族并且没有财产到他乡生活，其艰难程度可想而知。在从布依族《拐妹歌》中，我们就可以看出其逃婚的艰难。

唉！妹呀！到底是真还是假，如果是真的，就杀黑鸡做早饭，如果是真的，就杀灰鸡来看骨，是两线还是三线（即鸡肋是三片或二片）。卯时做好饭，辰时就出门，走拢了弄羊（贞丰沙坪乡一寨名），要到坝陆才吃饭。到了梭怀过渡，我问船主：渡船多少金？渡船多少银？他说要十三两五，我就给他十五两。船头气昂昂，永远不回头，我们真幸福。船开往坡瓢，坡瓢有个庙，庙神很凶恶，开口要吃猪，开口要吃狗。于是我就用稻草编猪去哄骗他，调船头就走。我们去坡细落户，去陆马（安顺地区镇宁县一寨名）安家。哥一天就让你在家门口裁缝。在卧室绣花。饭熟了哥去喊你，小声怕你听不到，哥就到你耳根细说，你不来，哥就送饭到你手上，你不吃，哥问你，是不是生病了，你不答。于是哥就拿衣服给“梅纳”看，问到上方去，问到下方去，“梅纳”在田头，哥就问到田头，“梅纳”在河坝，哥就到河坝找。看出是阎王在作弄，也看出有鬼神在作弄。130斤的猪可杀，150斤的猪可以打。[①]

在20世纪80年代以前，由于农民被固定在土地上，没有地方可以去，想逃婚也无法做到。近些年来，青年们都外出打工，父母已经无法包办子女的婚姻。现在如果出现喝了结婚酒以后跟其他男人走了的情况，也会引起纠纷，一般是对另一方进行适当赔偿。

第二节　结婚形式

在贵州的很多少数民族地区，青年男女结婚并不是依照国家法确定的程序进行，而是依照当地的少数民族习惯法确认的程序进行。根据国家法，是否结婚的标志是是否到法定机关进行了结婚登记，《中华人民共和国婚姻法》第八条规定："要求结婚的男女双方必须亲自到婚姻登记机关进行结婚登记。符合本法规定的，予以登记，发给结婚证。取得结婚证，即确立夫妻关系。"《婚姻登记条例》第二条规定："内地居民办理婚姻登记的机关是县级人民政府民政部门或者乡（镇）人民政府，省、自治区、直辖市人民政府可以按照便民原则确定农村居民办理婚姻登记的具体机关。"布依族习惯法中，结婚有多个程序，我们无法确定哪一个具体程序标志着结婚，几个程序延伸的时间也相当长。这与封建时期汉族地区的婚姻制度也有重大的区别。时至今日，者述村没有在外面打工的布依族青年男女结婚，仍然是按照传统程序进行。在外面打工的如果都是与当

① 刘杰：《黔西南布依族"浪哨"音乐文化之比较研究》，载《贵州大学学报·艺术版》，2005（2）。

地的布依族人结婚，也要回家走完结婚的一些程序。

一、订婚

订婚之前是男方家请两个女的媒人，先到女方家，问是否同意，去时带糖作为礼物。如果女方同意，订婚的方式是男方家找两个男的媒人、男的与男的陪郎一起去女方家。男方家根据女方的家族情况带鸡、肉、酒、粽粑和糖作为礼物。家族大的带得多，家族小的带得少。一般情况下是一只鸡、10来斤肉、20斤的酒和根据家族的户数确定的一定数量的粽粑和糖。订婚时男的给女的100元钱左右，女的给男的一双鞋，是亲手给，交换的意思是男女双方同意。

订婚以后，在过节时，男方家要到女方家去拜年，女方家有几个近亲就要带几份礼品。七月半时带的礼品是一只鸭和若干个礼品包，每个礼品包包括糯米饭、两把面条、四四方方的红糖一块和两包烟。姑、伯、叔、姨家每家一份。过春节时去女方家拜年带的东西与七月半时不一样。去时带2到3斤左右的腊肉一块，若干个礼品包，每个包内有8个粽粑、1块黄糖、2包烟和糖果等。以后只给女方父母拜年即可。

二、烧香

订婚以后是烧香。在订婚一年到两年后，男方家带礼品去女方家举行烧香仪式。带的礼品包括80斤肉、100斤酒和1只鸡。同时女方有多少近亲就要带多少份粽粑，一份8个。烧香仪式是要八字。当时女方家把八字写在红纸上，放在簸箕里面(用竹子编的圆柱形、直径60厘米左右、高6厘米左右的装东西的器物)。簸箕里面放有米，米上放12个装有米酒的小碗，八字放在其中一个碗的底下。两个男的媒人端碗找八字，端起的碗里面的酒必须喝掉。如果端起的第一只碗底下就有八字，那么喝一碗就可以了，否则要一直喝下去，直到找到八字为止。找到八字后，男方家的人将两个四方灯（里面是煤油灯，外面的罩是四方的木框，有玻璃镶在里面）放在女方家神位上，女方家一个长辈的男性老人把灯点燃，媒人将八字和点燃的灯一起带回男方家。现在要八字的程序还保留着，但其目的是用来算结婚的时间，现在不管八字是合还是不合都不退婚了。如果在请老魔先生看时认为男女的八字相克，就请老魔先生禳解。信仰天主教的不管八字是否相克的问题，但还是要八字，目的是通过这一程序确定结婚的日期。根据八字确定结婚时间以后，男方的两个男的媒人带一只鸡、一块5斤左右的肉和10斤左右的酒，两包糍粑到女方家。去的目的是问结婚时应该带多少酒、多少肉、多少钱和多少猪鸭，同时告诉女方结婚的时间。

三、结婚酒

以前的仪式婚是男方在结婚时到女方家要带礼品，分别是240到360元钱，200斤猪肉、240斤酒，同时还要带小猪和鸭子。小猪和鸭子送给女方的亲戚，近亲的给小猪，一般的亲戚给鸭子。女的随同男方家的人到男方家住3天。这期间有一个女方家的陪娘一直陪着新娘，目的是使新郎无法接近新娘。这期间男方家也有一个年轻的女孩和一个老年的妇女陪伴新娘，这样新郎根本没有与新娘接触的机会。第三天，新娘回娘家，第七天新娘又回男方家，吃一顿早饭就走，还是带陪娘来。以后每月女的带着陪娘到男方家干活一次或两次。在没有经过特定的程序以前，新郎和新娘并不同居。

四、夫妇同居

举行完结婚仪式一二年或三五年以后，男方家在征得女方家的同意以后，杀一头猪将猪肉和一只鸡带到女方家，把以前没有给的礼品和财礼钱一次性给清，在女方家吃一顿饭。女方的父母事前买一个织布机，男方家用3或5斤酒祭祀女方家准备的织布机后，把织布机带回男方家。这种织布机是用木头做成的织布依族土布的机器，同时还有一个附带品纺花机，也就是纺线机。这一程序完成以后，女的再到男方家里去就不再带陪伴的女孩，女方到男方家就可以与男方同居了。

在北盘江支流打帮河上游流域的扁担山地区，在20世纪80年代以前，夫妇同居要经过一个戴假壳的程序。所谓假壳是用竹条和布做成的女士帽子，是妇女已婚的标志。戴了假壳以后，夫妇才开始正式同居。女的戴假壳以后，就不能赶表了。即使去，小伙子也不会再找其一起游玩。在父母包办婚姻的时代，除非是女方对男方特别满意或者女方已经怀孕，一般情况下，女方都不想戴假壳，是由男方家的人强制带上。男方家的两个女的偷偷到女方家，趁女方不注意，强行抱住带上，揭开姑娘头型，做成媳妇头型。女方的父母有的知道，有的并不知道。戴假壳的年龄一般是20岁以上。年轻的已婚妇女在20世纪80年代以后平时就不戴假壳了，这个村子中，现在只有一两个老年的妇女还在戴这种帽子。现在结婚的也不再提戴假壳的事了。但是在结婚时送两套民族服装的同时，还要送两个假壳，不过是不戴，放在柜子里而已。

在红水河支流涟江上游流域的惠水县甲戎乡冗鱼布依寨调查时，发现当地办结婚酒一般是在10月。回娘家以后过一段时间，一般是在春节期间，男方去接新娘到男方家吃过年饭，还是有一帮小姑娘陪着。春节过了以后，男方家的妹妹或姐姐到女方家去接新娘，以后新娘就不带伴娘了。

在北盘江上游流域的晴隆县东部布依族聚居的捧碧村和规模村调查时，发现夫妇何时同居没有特别的仪式，但是一般都要双方的父母商量后决定。

在黔东南雷公山地区的苗族聚居地方，男女何时同居，并没有明确的规定，一般是女方怀孕以后就长住婆家。

五、不坐家制度

民国年间陈国钧通过调查对北盘江地区的布依族不坐家制度是这样描述的："婚后的新妇，照例不与新郎同宿，她在第二天挑了一担水进家后，就乘机逃回家去。感情好的，也不过在夫家住上三五天，并且在这期间，新郎不入新房。新娘回家后一年以至数年不等，待生育了子女才住夫家，这叫做'不坐家'，当地就有一首流行的歌谣说明这种习俗的：'婚嫁原来是仲家，也通媒妁也行茶，夜晚又向西邻卧，连续三年才坐家。'不过，在这'不坐家'的期间，男家遇着芒种（即农忙之谓），或有丧事喜事等时，也就可以把她接回家来，可是住不上几天又转回去了。"[①] 陈国钧描述的这种制度就是不坐家制度，20世纪90年代以前这一制度普遍存在。者述村的布依族喝结婚酒后不坐家的，一般是15岁至18岁之间，女的生小孩的年龄一般是19岁以上。有些因女方父母做主，而女的不同意，7年到8年甚至10年左右不坐家。

这一习惯法有其历史渊源。"仲家"是古代对布依族的称

① 陈国钧：《北盘江夷人的婚俗》，载1942年6月20日《贵州日报》"社会学研究"。

呼，在清代也是广义上的苗人，《百苗图》记载清代安顺、南笼（现在安顺、兴义地区）的尤卡仲家未婚男女采用跳月等形式相识后确定婚约的，“然后用媒妁，论姿色定牛多寡。须抱子方归夫家”①，请中间人商定用多少牛作聘礼，女方生子后才去男方家常住。不仅布依族有这种习俗，贵州的苗族、侗族在古代也都有这种习俗，等到有了小孩以后才长住夫家。古代《百苗图》记载现在黔东南苗族侗族自治州的天柱县境内的西溪苗“未婚男子携笙，女子携馌，相聚戏学谑。所欢者约饮于旷野，歌舞苟合，随而奔之。生子后方过聘，聘礼以牛”②。男子带芦笙，女子带前往山上劳动时带饭馌，通过歌舞交流的方式相识，男女有意者在一起吃女孩所带食品，愿意结婚的，女子到男方家，有了小孩以后，男方家用牛作为聘礼送往女方家。《百苗图》还记载清代广顺州（现在黔南布依族苗族自治州的长顺县北部及紫云苗族布依族自治县东部）的克孟牯羊苗“男女吹笙而偶，生子免乳后，始归财礼”③。意为男女通过跳芦笙舞结识而自由结合，等女子生小孩断奶后，男方家送聘礼给女方家。在生子后其夫妻关系才被社会认可。在清代，现在的侗族也是广义的苗人，《百苗图》记载：六洞夷人“新郎每夜潜入女家，与妇同宿。生子方过聘，［始］归夫家。”④ 根据李汉林所注《百苗图校释》的解释，六洞夷人是指当时居住在现在的黎平、从江两县交界地带的侗族。这里的侗族与苗族、布依族的不落夫家制度又有所区别，不是把女子请到男家住，而是男子夜晚到女方家住，但有一点是相同的，即生子后男方

① 李汉林：《百苗图校释》，151页，贵阳，贵州民族出版社，2001。

② 同①，88页。

③ 同①，54页。

④ 同①，198页。

家才送聘礼，女子才到夫家去住。从《百苗图》记载的以上几种情况看，在没有生育以前是不算正式结婚的，生育是结婚的条件，也是一种婚姻最终成立的标志。《百苗图汇考》的作者也认为类似的这些现象是“一直要到怀孕生子，才能正式建立家庭”[①]。民国时期吴泽霖综合当时贵州苗族、布依族、侗族等少数民族婚姻制度的研究成果后，认为在许多初民社会中，子嗣观念看得很重。男女可以公开地发生肉体关系，但非得生育子女后才正式结婚，盖女子未生育前无法保证其必能生育，故能生育者才有人与之结婚。多数苗夷族女子于结婚后常住娘家，一直要生育子女后才正式在男家居住。这种风俗或许根据于同一出发点。结婚仪式仅仅确定了子女的所有权，仅可说是半婚状态，到了生育以后才是永久的夫妇。[②] 在贵州的苗族和布依族等少数民族的世界观中，认为人死了以后进入另一个世界。活在人世的子孙祭祀供奉祖先，其去世的祖先在另一个世界才能生活得好，没有后代的人自卑，也被别人看不起，结婚最重要的目的就是生育子女，没有子女之前，被认为是没有完全结婚。有的地方形象得说是一只脚在门里，一只脚在门外。现在贵州有的少数民族地方乡村两级统计结婚数量的方法就是看是否生了小孩。

者述村 20 世纪 90 年代至今，有 80%左右的结婚女子直接到男方家，不再保留不坐家制度。有 20%左右还保留有不坐家制度，或者说这一制度的残余。现在的结婚彩礼更多，一般是 6600 元、8800 元或者12 000元。男方的礼金多，女方的陪嫁也就多。现在直接坐家的是结婚后 3 天回娘家，5 天后回到丈

---

① 参见杜薇：《百苗图汇考》，219 页，贵阳，贵州民族出版社，2002。

② 参见（民国）吴泽霖：《贵州苗夷族婚姻的概述》，载 1940 年 6 月《建国评论》第 3 卷第 4 期。

夫家。

以前姑娘结婚之后坐家之前都可以赶表，坐家之后就不能赶表了。民国时期吴定良在《贵州仲家赶表风俗与其流弊》一文中讲到："不仅未婚男女，即已订婚或已嫁娶而未生子女者亦有资格举行；唯不能使其未婚夫、亲夫或夫之亲友看见耳"[①]。结婚酒之后女的没有坐家时，女的赶表被男的发现或者男的赶表被女的发现时要打架。在 20 世纪 80 年代以前，由于这种传统的赶表制度而导致的吵架现象特别多。如果一个按传统喝了结婚酒的女的与其他的男人在一起赶表，其丈夫知道后，就会打架。有的拿刀、棍棒打架，有的在路上看见就会打起来。

六、偷婚

偷婚是男女通过赶表相识相爱，在男的征得家里同意后，女的偷偷跟男的跑到男方家结婚，女的父母也就没有办法了。现在这种方式结婚的占到 50% 左右。

采用偷婚方式结婚的，男方家在女子到家 3 天以后，找媒人到女方家报信，说你家的姑娘已经到我们家，不用到其他地方去找了。由于女的到男方家已经跟男方同居，很多程序就发生了变化。一般情况下，男方家为了与女方家处好关系，再加上过意不去，都是要将其他的程序走完，订婚、烧香、结婚酒的程序还是要举行的，但女的不用带陪娘了，不用取织布机的程序了。因为带陪娘是为了防止男女同居，要走织布机表示，不坐家结束，男女可以同居。如果男方的家境太贫寒，有些程

① （民国）吴定良：《贵州仲家赶表风俗与其流弊》，载 1947 年 1 月《现代学报》第 1 卷第 1 期。

序就只能省去。

在黔东南雷公山地区的苗族聚居地方，以偷婚的形式结婚已经成为当地苗族青年结婚的主要形式。但是苗族的偷婚与布依族的偷婚在两个方面有明显的不同。一是在苗族地区，偷婚后女方的父母不同意的，往往引发反抢婚，也就是女方的父母组织人将姑娘抢回。在者述村调查时，笔者发现只要女方与他人采用偷婚的仪式结婚，女方的父母不会去抢。这是因为布依族地区受到儒家文化影响多一些，对于生米做成熟饭的只能认可。二是在雷公山地区的苗族聚居地方，一些青年人采用偷婚的形式结婚，目的就是省去按当地习惯法结婚的很多程序，如果完全按一般的习惯法结婚程序进行，花费太大。按照偷婚形式结婚的，就不再补上一般的程序。

第三节　离婚

20 世纪 80 年代以前，由于是实行不坐家制度，发生很多按布依族的习惯法喝结婚酒以后，女的又通过赶表与其他的男人走的事。这种情况下，女的原结婚的男人要找其新找的男人退钱。新中国成立以前这种纠纷由寨老出面解决，新中国成立以后由村干部出面解决。如果女的父母愿意，也有其父母退一部分，女的新找的男人退一部分的。如果女的在未坐家以前跟新的男人走了，男方不知道其新认识的男人是谁，女方的父母就会很麻烦。

20 世纪 90 年代以前的婚姻纠纷，往往引起冲突，很多情况下是双方一见面，就动手打起来。但现在已经不打架了。笔者在者述村没有发现相应的案例。下面我们分析一个 1987 年发生在黔南布依族苗族自治州罗甸县境内的一个案例：

岑××等非法拘禁案[1]

被告人[2]岑××，男，布依族，26岁，初中文化程度，贵州省罗甸县境罗悃区平亭乡绕里二组农民。

被告人岑××，男，布依族，37岁，文盲，岑××之叔，贵州省罗甸县境罗悃区平亭乡绕里二组农民。

被告人岑××，男，布依族，20岁，文盲，岑××之弟，贵州省罗甸县境罗悃区平亭乡绕里二组农民。

被告人韦××，男，布依族，31岁，文盲，岑××之弟，贵州省望谟县境桑朗区桑朗乡纳龙二组农民。

被害人黄××，女，布依族，31岁，文盲，农民。

被害人黄××，男，布依族，系黄××之父，农民。

被害人黄××在9岁时由祖母包办与岑××订婚，1982年结婚。婚后两人没有感情，黄长期居住在娘家，并流露出想离婚的想法。1987年1月28日(农历大年三十)，岑之母去黄家接黄××返岑家过年，得知黄外出未归。当晚8时许，岑××便携带棕绳，与岑××、岑××等十余人闯入黄家，威逼黄×

① 此案件引自1988年9月贵州省人民检察院研究室编《少数民族特殊案例分析》，54页以下。

② 根据现在的法律应当称为犯罪嫌疑人，此案发生在1987年，还沿用原法律规定的称呼。

×之父黄×××交出其女黄××，并将黄××之父黄××连捆带绑倒吊一个多小时，岑××还叫黄跪下认错，令黄三天之内交出其女黄××，黄被迫答应后，岑一伙人才离开黄家。

次日，岑××得知黄××返家后，便于正月初二，身带尼龙绳与岑××、岑××、韦××等二十余人，再次闯人黄家。黄××之父黄×××见势不妙，从后门逃出。岑××抓住黄××，反扭双手，岑××、韦××动手用绳子捆黄。在岑××的指使下，四人一起动手将黄悬空吊挂在房梁上两个多小时。期间，岑××用木棍和布鞋殴打黄的脸、嘴、臀、脚等处，并威逼黄承认与他人有关系，黄不承认。岑××在殴打中逼问黄嫁到哪里去了，黄受刑不过，承认嫁到望谟县才被放下。岑××对黄大声叫骂："人也不要，钱也不要，一百块钱捆一回，捆合三千块钱……"岑××又逼问黄出嫁谁做的媒人，黄说没有此事，岑等四人又用尼龙绳捆黄的脚踝关节处，再次将黄吊起来达四个多小时，并将黄的上衣卷到颈部，使其上身裸露在外。岑××对旁观群众的多次劝阻置之不理，仍持布鞋连续殴打黄的嘴、脸等，致黄昏迷不醒。直至傍晚七时半，一群众趁岑家人去吃饭之机，将黄救下，由黄家背黄××步行三天到区医院救治。

案发后，黄××之父黄×××到罗甸县人民检察院告发岑××等人的犯罪行为，罗甸县人民检察院逮捕了岑××、岑××，并提起公诉。依据当时的刑事诉讼法对岑××、韦××免予起诉。罗甸县人民法院分别判处岑××、岑××有期徒刑三年和有期徒刑二年。

本案中，有岑家多人参与，是因为按照当地的布依族习惯法，宗族内一家有事，其他成员有帮助的义务。有些少数民族习惯法内容有其存在的价值，即使是与国家法冲突，一般情况下也不会引起国家权力的介入。而有些传统上家族势力维护婚姻习惯法制度的做法，包含有愚昧、野蛮、落后的成分，严重侵害公民的人身权利，违反国家法律的规定，一方控告或起诉往往就会引起国家权力的介入。

现在按照仪式婚正式结婚以后而要离婚的，如果是女方的原因，结婚时给的钱要退还，礼品不退，女方的陪嫁不退。若男方提出离婚，如果没有坐家的结婚时的财产不退，坐家的特别是有了小孩的，女方还要平分财产。或者计算女的在男方家的时间，算打工，按天计算赔偿钱数，这种情况特别少，连百分之一都不到。如果女的在婆家坐家后出走，女方的父母就不会遇到麻烦，女方家族的人还要一起到女的婆家找麻烦，说其姑娘受到虐待。

《中华人民共和国婚姻法》第三十一条规定："男女双方自愿离婚的，准予离婚。双方必须到婚姻登记机关申请离婚。"第三十二条规定："男女一方要求离婚的，可由有关部门进行调解或直接向人民法院提出离婚诉讼。"《婚姻登记条例》第十条规定；"内地居民自愿离婚的，男女双方应当共同到一方当事人常住户口所在地的婚姻登记机关办理离婚登记。"根据国家法律的规定，协议离婚的必须到当地的婚姻登记机关进行登记，双方同意离婚但因财产或子女抚养等问题无法达成离婚协议，或者一方提出离婚另一方不同意离婚的，可以直接向人民法院提出离婚诉讼，不经过这样的程序，就不能解除婚姻关系。在贵州的很多少数民族地区，离婚一般是依照当地的习惯法程序解决。有的因为双方在外打工方便或者其他原因，双方打了结婚证，但是在离婚时并不采用国家法的规定，还是按照习惯法的程序离婚。这种情况下，如果一方再婚，按国家法的规定就构成了重婚罪。

在典型的汉族聚居地方，村民委员会调解离婚是不可思议的事，但在一些少数民族地区，却是很平常的事。在汉族地区村民委员会对相关离婚问题的调解，与民族地区有着性质上的不同。田涛在对浙江省台州市黄岩区上垟乡下方村调查后针对离婚问题认为，这个村的村民调解委员会只能对夫妻间的争吵作出一些劝解工作，或者介绍他们到乡政府去加以解决，但是不能判决离婚。如果是一般的“婚约”，虽然本来不存在夫妻生活之实，但是在当地农村，存在将男女双方收取订婚财礼以后，建立的这种恋爱关系，称为一种婚姻关系的习惯。村民调解委员会可以调解一方对另一方进行补偿，证明村民调解委员会在处理此类问题时，仍然具有可靠的权威性。①

本章归纳与思考

通过者述村的田野调查资料，可以看出当地有比较完整的婚姻习惯法体系。布依族地区婚姻习惯法中的赶表制度，源自于没有被儒家文化完全同化而传承下来的远古布依族青年男女自由选择结婚对象的制度，与现行婚姻法的婚姻自由原则有一致的地方，同时又有自己独特的特点。赶表制度在形式上与我国主流社会的自由恋爱存在很大的区别，也源自于不同的历史文化背景。在者述村受中国封建婚姻法影响的父母包办婚姻与赶表制度同时并存。近些年来，青年们都外出打工，父母已经

① 参见田涛：《被冷落的真实——新山村调查手迹》，113页，北京，法律出版社，2005。

无法包办子女的婚姻。当地的布依族青年男女结婚的方式采用传统的仪式婚，不是依据国家法到婚姻登记机关进行登记，这种仪式婚受到封建时期汉族地区婚姻法的影响，同时又有很多独有的特点。近年当地的男女离婚也不是到国家的登记机关协议离婚或者到法院判决离婚，而是由主要的村干部和寨老一起根据当地的习惯法规则调解离婚。传统上，保证婚姻习惯法实施的强制力量主要是家族势力，但是这种强制力得到当地社会的认可。

从田野调查中了解到的情况看，传统的婚姻习惯法制度自新中国成立以来一直处于变迁的过程中。20 世纪 80 年代以后其变迁的速度加快，变迁的因素是多方面的。第一，按照传统，保障婚姻习惯法实施的强制力主要来自一方的家族。从国家法角度看，这种强制力的使用往往严重侵犯他人的财产权利或人身权利，从而与国家法冲突，受侵害方如果起诉到司法机关，必然会受到国家司法机关的干预。第二，很多人对繁琐的形式婚程序并不满意，但是文化模式的变迁需要时间，作为文化模式组成部分的习惯法制度的变迁也需要一个过程，个人也往往只能屈服于社会文化的强制力量。偷婚的方式在传统上主要是为了逃避包办婚姻，现在当地采用偷婚形式结婚的虽然不是很普遍，但这种形式已经成为人们规避传统形式婚的结婚方式。第三，由于青年人基本上都外出打工，汉族地区城市的文化必然影响到这些青年人，而且一旦离开村寨，家乡的习惯法文化的强制力也就会鞭长莫及。传统的布依族婚姻习惯法依靠人们的适用实践而传承，没有了适用的实践，这种习惯法制度就成为历史了。第四，习惯法是采用仪式婚，不打结婚证。由于在外打工时没有结婚证会带来很多的不便，很多人为了方便就到登记机关补办结婚证，从而受到国家法的约束。

第六章　布依族习惯法中的一般民事实体规范

从现代国家法的民法角度而言，婚姻法也属于民法的范畴。婚姻制度问题我们已经用专章进行描述和分析。下面我们根据调查到的材料从一般财产制度、失火造成他人损失赔偿、土地使用权纠纷等方面进行分析。

第一节　家庭财产制度

在者述村布依族村寨的家庭内部，父母和子女的财产权利都是习惯法确定的。按布依族的习惯法传统，田土和房子归儿子，不给女儿。给女儿的只有结婚时的陪嫁，而且还是根据男方的财礼而定，一般是礼金都陪嫁过去，也有陪嫁的物品超过礼金的情况。女儿没有继承父母财产的权利。父母大多是跟小儿子过，父母住的房子和养老田都与小儿子的财产在一起，父母过世后，父母有使用权的田地还是平等分配，但父母去世的花费要大家分摊。也有极少数的例外，就是老人在世时，全部财产平分，轮流在几个儿子家吃饭。

在典型的汉族地区，虽然也有“皇帝爱长子，百姓喜欢小儿子”的说法，但是由于受儒家传统的影响，长子在家庭中的地位最高。在调查过的十几个贵州典型苗族、布依族和侗族村寨中，按照传统，都是父母跟小儿子住。虽然都是女儿没有继承父母财产的权利，儿子之间财产平分。但是小儿子往往分到好的房子和好的有使用权的土地。有人认为这与传统上这些少数民族地区的婚姻习惯法制度有关，但是现在已经无法考证。

第二节　失火造成他人损失案例

现行的《秧坝镇者述村村规民约》第二十七条规定："严格用火管理，严禁放火烧山，若失火烧山或烧房屋的，除赔偿损失外，处罚款 200～300 元，情节严重的，移交司法机关处理。"从实际执行的情况看，村里进行的调解并不是完全符合村规民约的规定。

案例一：民事赔偿调解协议书

甲方：岑××，住者述村者述寨一组

乙方：黄××，住者述村伟逢寨

关于者述村伟逢组黄××于 2005 年 4 月 8 日违反野外用火有关规定，并造成一方岑××承包栽好的四年杉树受灾的协议：

甲方栽好的杉树伟弄舍（地名）面积约 2 亩左右的损失，于 2005 年 4 月 9 日经村党支部、村民委组织调解组并邀请双方当事人在村民委办公室经双方共同协商达成以下协议：

1. 甲方现被损失的面积由乙方补栽、管理，三年封林后交给甲方自行管理，同时乙方一次性付给甲方补助损失费壹仟叁佰元整（1300.00 元）。（乙方付给甲方补助为期限内)。

2. 乙方从 2005 年 4 月 9 日至 2008 年 4 月 9 日为止，期限为三年，在这三年内乙方必须保证成活率，抚育（铲草）两次，甲方不付给一切管理抚育经费。

3. 双方达成协议后，应遵守本协议的有关规定，不得违约，如甲方违约，由甲方自行管理，乙方不负管理、抚育等责任。如乙方违约，除抚育管理而外，另外补偿给甲方三年共壹万元整的损失费。

4. 本协议一式四份，甲乙双方各执一份，镇司法所、村民委各执一份。

5. 本协议自从甲乙双方签字之日起有效，即可具法律效力。

甲方签字：岑××（签字）

乙方签字：黄××（签字）

在场人：黄××（签字)、杨××（签字)、黄××（签字)、潘××（签字)

者述村村民委员会：陈子文（签字）

者述村党支部：陆利正（签字）

者述村村民调解委员会：龙付生（签字)、潘应兴（签字)

2005 年 4 月 9 日

从达成协议的内容看，并没有适用村规民约第二十七条的罚款规定，仅仅是赔偿损失，而且赔偿损失的方式主要是由责任方补栽并管理三年，管理的方式是每年锄草两次。由于因为火灾重新补栽延长了树木轮伐的时间，赔偿损失 1300 元，补栽并管理的误工费不好计算，采取这种方式就比较合理。

案例二：民事赔偿调解协议书

甲方：黄××，住者述村伟逢组

乙方：黄××，住者述村伟逢组

关于者述村伟逢组黄××于2005年4月8日违反野外用火规定，并造成一方黄××栽好两年的杉树受灾协议：

甲方栽好的两年杉树伟弄含（地名）面积约1亩左右于2005年4月9日经村党支部、村民委组织调解组并邀请双方当事人在村民委办公室经双方共同协商达成以下协议：

1. 甲方损失的面积由乙方补栽和各种管理好三年封林后给甲方自理，甲方不付出其他经费给乙方。

2. 乙方从2005年4月9日至2008年4月9日为止，期限为3年，但每年必须抚育（铲草）两次，更不得问起甲方要抚育经费。

3. 双方应遵守本协议的规定，不得违约，如甲方违约，由甲方自理，乙方不负责任。如乙方违约，除抚育管理外，另补偿甲方三年壹万元整。

4. 本协议一式四份，甲乙双方各执一份，镇司法所、村民委各执一份。

5. 本协议自从甲乙双方签字之日起生效。

甲方：黄××

乙方：黄××

在场人：黄××（签字）、杨××（签字）、潘××（签字）、黄××（签字）

者述村调解组：陆利正（签字）、陈子文（签字）、龙付生（签字）、潘应兴（签字）、岑仕祥（签字）

（村民调解委员会章）

2005年4月9日

这一案例与上一案例相似，但是协议的内容就有很多的不同，这里没有赔偿延长树木轮伐时间的赔偿费，但是同样是补栽和管理三年时间，每年必须铲草两次。案例一是四年树龄，案例二是两年树龄，这样看来，赔偿的标准相似，但是赔偿的方式有一些区别。

案例三：民事赔偿调解协议书

甲方：潘××，住者述村坝围组。

乙方：岑××，住者述村者述二组，

案由与调解结果：

潘××有一片地，地名叫尾要，在梨子沟。岑××在自家责任地放火烧地草时烧到潘××的桐籽林，经村委组织调解组，于2005年1月22日实地现场进行调解，经双方在场达成协议生效，折成桐籽树（五年）损失补偿合计人民币伍佰元整。付款方式为一次性付清。时间从调解之日起至2005年2月22日付清。款交陈子文处。除了国家政策规定外，该片桐林由潘××权利受益。如逾期不交，处以贰佰元罚款。

甲方：潘××（签字）

乙方：岑××（签字）

在场人：陈××（签字）、岑××（签字）

木村调解组：陈子文（签字）、潘应兴（签字）、陆利正（签字）

上协议立成三份双方各执一份，村委保留一份。

2005年1月22日

这一案例中，并没有采取补栽和管理的方式赔偿，而是一次性补偿损失人民币五百元整。

从以上三个案例的情况可以看出，侵权的方式都是失火烧毁他人的树林，村民委员会调解的结果有共同之处，就是都赔偿损失，而且村民委员会都没有按照村规民约的规定进行罚款。如果从社会管理的角度看，为了杜绝放火烧地的做法，应该对实施者进行处罚。这里处理的重心是对个人权利的保护。民间规范与国家法的区别之一是国家法以文字的形式表现出来，要求人们严格遵守。而民间规范存在于人们的观念中，尽管每个案件的了结方式不同，但是当地人都认为是合理的。

第三节　土地使用权纠纷案例

依据国家法律的规定，土地的所有权属于集体，但是者述村与我国各地的农村一样，土地都是根据国家的农村土地政策承包到户。土改时，成片的树林和一般的树木都归了个人，荒山归集体，现在荒山的使用权也都分到了个人名下。承包土地的使用权是依据国家法律确认的，村民委员会处理土地纠纷和林木纠纷时，国家法律有明确规定的，以国家法律、法规、政策以及政府的相关文件为依据，并不能依据传统的习惯法处理。例如者述村的村民委员会调解布依族之间的林木纠纷按1966年县政府文件的规定，调解布依族和汉族或汉族和汉族的纠纷按1989年县政府文件的规定。但是国家法律规定不明确的，习惯法就会发挥作用。

一、土地使用权争议

秧坝镇者述村民委
关于对者述村平定组黄××与黄××土地
权属争议的调解意见

者述村平定组黄××与黄××争议地名叫“伟弄好”，面积约0.15亩左右，发生该宗土地权属争议的原因是：黄××与黄××也在“伟弄好”地上连片承包在一起耕种直到2007年1月9日前没有发生过纠纷，同年9月10日黄××去耕种他自己的承包地时，不按集体原划分的界线耕种，扩占去黄××原承包土地约0.15亩左右。

该宗土地双方在2007年1月10日发生权属争议后，2007年1月17日早上村调解组陆利正、陈子文、龙付生，平定组部分村民、寨老及双方当事人到“伟弄好”纠纷实地现场共同协调，但双方意见分歧很大，互不相让，调解未果。作为黄××户的意见是：不退让，因群众分该宗土地时的界线是以小干沟为界，所以不退让。作为黄××户的意见是：不退让，理由是当时分该宗土地的界线是以小干沟弯去弯来，是以小干沟直上到山腰有一棵樱桃村或桩为界，所以不退让。

综上所述，该宗土地的权属争议，通过村调解组深入群众进行多方调查了解，并得到调查的证人证言，事实清楚，证据确凿，经研究，村民委特作出该宗土地权属争议的调处意见：

一、“伟弄好”土地问题，村民委支持平定组在

1983年集体发包到户指定的界线不变，该宗土地以小干沟直上至半山腰有一棵恩桃村桩约直径有30厘米左右为界在直上抵梁，面向山顶，左面属黄××户永久性耕种。

二、对黄××户的不退让，根据村调解组调查的证人、证言、证词，事实清楚，证据确凿，不予支持，黄××所扩占黄××的0.15左右土地一律退还给黄××永久性耕种。

三、本调处意见书，如争议双方其中一方对本调处意见不服的，可以在收到意见书之日起15日内向上一级政府申请调解处理，若在规定的时间内，既不向上一级政府申请处理，又不履行调处意见的，该意见书视为生效，否则，一切后果由不履行的一方承担全部责任。

四、本调处意见书一式四份，双方当事人各一份，村一份，综治办备案一份。

者述村村民委员会（章）

者述村村民调解委员会（章）

调解员：陆利正（签字）、陈子文（签字）、龙付生（签字）

2007年5月18日

国家法的规定无论如何缜密，也不可能包罗万象。村民委员会和村寨中的寨老以国家法确认的原则为基础，结合当地公认的具体处事原则，往往能够妥善解决一些纠纷事件。

二、土地使用权的流转

在调查的过程中，曾经发现了一份签订于1989年的《承包荒山合同书》，内容规定得比较灵活。

承包荒山合同书

甲方：秧坝区秧坝乡者述组岑××、骆××、岑××

乙方：方渡区冗渡乡吴××、冗渡小学李××

经甲乙双方充分协商同意订立此合同，共同遵守。

承包目的：种杉树。内容如下：

一、地址

尾公刨，上至山顶倒水为界，下至水沟（除田外）左以黄××家下边弯子直上至山顶，直下至水沟，即以殃各赖边界为界，右以浪尾罗为界，即在大路上刚好看得见哄度寨子处以□子直上至山顶，直下至□□□水为界，面积大约300亩左右。

二、承包方法

由乙方出肆千元给甲方，由甲方把合同中所有荒山全部种上杉树，并保管到处理完为止（年限不限），一切费用在内。即乙方只要拿满肆千元后一切不管，若这肆千元钱不够用，甲方自己出钱搞好，若用不完，余下的钱甲方自己所有。

三、种树方法

在1989年内必须种百分之六十以上，在1990年内必须全部种完，1991年内必须把所有缺窝补上（每一年的成活率必须达百分之六十以上)。

四、保管方法

每年必须薅草两次，砍草一次，直到树材高了可以不砍草为止。但以后只是不薅不砍草，其他方面同样要管理。

五、资金的付法

在1989年初付壹千元，所有面积种上百分之六十以上又付壹千元，把全部面积种完再付壹千元，最后把所有缺窝的全部补上才付完，以上所说的百分之几都要求成活率达百分之八十以上才算数。

六、甲乙双方的责任和处理方法

甲方：甲方要按以上有关规定去完成各年的任务，若完不成，甲方要付给乙方每年每株杉树三角钱的损失费（每亩按叁百株计算)。

乙方：乙方要按以上有关规定按时把钱付给甲方，乙方要付给甲方每年每株三角钱的损失费。

七、从公正之日起，甲乙双方都不得违约，若甲方违约，甲方要付给乙方以前所用的钱的本、利的两倍，并且要所承包面积的一半。若乙方违约，甲方分文不还乙方的钱，并且收回全部面积。

八、分成方法

杉树从始至终均由甲方统一种、管理，处理后，先把乙方的肆千元本钱除出来后，再按甲乙双方各占百分之五十来分成。具体怎样处理，几次处理，经双方同意后，由乙方主办。处理时一切手续由甲方负责出面办理，手续费由双方付。

此合同一式四份，甲乙双方各一份，秧坝乡政府一份。

甲方签名：岑××、骆××、岑××

乙方签名：吴××、李××

者术村二组组长：骆××

村委同意本户承包责任山（黄××章）

同意村组意见（冗渡乡人民政府章）

一九八九年三月二日

在当时，国家的法律对农村土地使用权的转让问题规定得并不明确，这种民间的协议使土地、资金和劳力结合在一起。2008年调查时对这一协议的执行情况进行了专访，发现由于种种原因，履行的情况并不理想。

本章归纳与思考

与典型的汉族地区相比，依据布依族习惯法传统，小儿子享有的财产权利具有一定的优越性。原因主要是父母在一般的情况下与小儿子一起生活。此外，从案例来看，野外失火造成他人损失的，一般是给予赔偿即可。对于当地布依族村民之间土地使用权纠纷案件，村民委员会一般是依据国家法律进行调解，国家法律规定不明确的按照当地人公认的习惯法原则处理。

习惯法规范存在于人们的观念中，如果以为通过田野调查可以完全描述出习惯法模式的整体，那简直就是一种幻想。因为如果没有案例，很多规范可能永远也不会被发现，有些规范是否是习惯法规范也无法被认定。同时，我们描述出的很多内容也可能就是模棱两可的，但对于一个习惯法民族志写作者而言，这是既无奈而又必须做的事情。

在调查过的贵州少数民族村寨中，黔东南地区的典型苗族聚居地方和一些侗族聚居地方的村寨中，对失火行为的处罚非常严厉。布依族地区对于因失火造成他人损失的，都是给予赔偿即可。这主要是与房屋的材料和居住环境有关。在调查过的黔东南地区的很多苗族村寨和侗族村寨，居住的都是多层木房，而且非常集中地连成片。由于其居住环境和房屋结构的特殊性，一旦出现火灾，殃及的面积往往很大，损失非常严重。因此，防火问题对各寨而言都是非常重要的。在调查过的黔南、黔西南和安顺地区多个布依族村寨中，房屋的外墙基本上都是用石头或者砖砌成的，传统上的木房已经很少见到。出现失火一般也都是野外失火，损失往往不是很大。因此，布依族地区相对于一些苗族地区而言，习惯法对失火的处罚就比较轻。

第七章　布依族习惯法的实施

第一节　布依族习惯法自觉遵守的理论问题

人们对习惯法的自觉遵守问题，主要应该从心理学角度进行分析，依靠田野调查的方法，无法全面描述这种心理过程。我们在这里用社会人类学有关理论从三个角度分析这种自觉遵守的原理，并根据调查的一些实例进行说明。

一、民族习惯法文化塑造个人的人格

关于个人性格的形成原因，种族主义认为是由生物学上的遗传因素决定的。按照这种观点，文化的差异就是种族的差异。作为相反的观点，弗洛伊德认为社会的文化模式对个人人格有决定性的影响，他引用勒邦的观点讲到："在一个集体中，个人的特殊的后天习性会被抹杀，因此，他们的个性也会消失。种族的无意识东西会冒出来，同质的东西淹没了异质的东西。"① 关于遗传因素是否决定人格问题，没有科学的依据证

① ［奥］西格蒙德·弗洛伊德：《弗洛伊德后期著作选》，林尘、张唤民、陈伟奇译，78页，上海，上海译文出版社，1986。

明。但是人类学的田野调查资料却能证明文化对人的性格形成的影响作用。美国人类学家本尼迪克特根据自己田野调查的经验认为，一个社会或部落、部族，面对无数可以选择的人类行为，选择的结果，便形成了各种不同的文化。所以，这些差别不是生物学意义上的那种必然差别，却是社会选择的结果，"个体生活的历史中，首要的就是对他所属的那个社群传统上手把手传下来的那些模式和准则的适应。落地伊始，社群的习俗便开始塑造他的经验和行为。到咿呀学语时，他已是所属文化的造物，而到他长大成人并能参加该文化的活动时，社群的习惯便已是他的习惯，社群的信仰便已是他的信仰，社群的戒律亦已是他的戒律。每个出生于他那个群体的儿童都将与他共享这个群体的那些习俗，而出生在地球另一面的那些儿童则不会受到这些习俗的丝毫影响"①。这就是说认为人的性格是后天由文化塑造的，而不是生物学遗传因素决定的。我们如果一直生活在现代城市社会，社会上多种文化交织在一起，其影响难以看清。在一个简单的社会中这种影响是非常明显的。我们在传统法文化保留得比较好的民族地区进行实地田野调查，就会发现这些影响。人类学的田野调查材料调查不断地充实着这方面的证据。日常生活都有一定的秩序，每一件事都有相应的处理方式，长此以往，就成为习惯作法。出现纠纷后的解决方式是固定的，遵守哪些禁忌也是固定的，等到人长大了，当地的习惯法模式自然地为人们所熟悉，并为人们所采用。等孩子长到成年，自觉遵守习惯法的观念在日常生活中就不知不觉地在其心中扎下了根。

---

① ［美］露丝·本尼迪克特：《文化模式》，王炜等译，5页，北京，生活、读书、新知三联书店，1988。

二、民族习惯法文化影响个人的行为

弗洛伊德分析了文化模式影响个人行为的途径，归纳起来主要是：第一，人的行为有暗示性。所以在一个集体中，每一种情感，每一个行为都会对别人产生极大的感染性，被暗示的观念直接转化为行为的倾向，它甚至能使一个人欣然地牺牲自己的个人利益而服从集体的利益。第二，人都有群居本能。这种本能既是人生来具有的也是其他动物种类生来就具有的。与人群对立也就等于与人群分离，人们竭力要避免这种现象发生。所以每一个人都会受到种族特征、阶级偏见、公众舆论等形式的集体心理态度的支配。第三，教育的作用。当一个孩子成长起来，父亲的角色由教师或其他权威人士担任下去；他们的禁令和禁律在自我典范中仍然强大，且继续发展，并形成良心，履行道德的稽查。良心的要求和自我的现实行为之间的紧张状态被体验成一种罪恶感，社会感情会建立起来。[①] 我们应该承认，弗洛伊德的论述与现实是一致的。当地的布依族习惯法是人们在长期的生产生活中形成的，是对经验的总结和定型化，能够被人们信服，对人们的行为有引导和约束作用。

与外界缺少联系、相对封闭、原始法文化保留比较好的地方纠纷少。当地村民之间即使是发生了纠纷，一般都能够依靠民间的机制自行解决。

---

① 参见［奥］西格蒙德·弗洛伊德：《弗洛伊德后期著作选》，林尘、张唤民、陈伟奇译，78 页、80 页、127 页、185 页，上海，上海译文出版社，1986。

三、民族习惯法具有“合法”① 性

韦伯提出了政治权威的合法性基础。他认为合法的社会秩序的基础是人们在内心接受形成秩序的规范，认为这些规范是大家都应该遵守，而且还不仅仅是因为如果不遵从就会受到制裁。“行动，尤其是社会行动，涉及到社会关系，可以为一种现存于合理秩序中的信仰观念所指导。行动将实际被如此运作控制的可能性，可称之为该秩序所要求的‘正当合法’”②。朱苏力教授认为：“这种地方性‘法律’也许不符合那种被认为是普适的客观真理，但也绝不是人治的暴政。执行这种‘法律’的人尽管可能违反了正式的国家制定法，但他的行为一般说来必须获得村民的欢迎和认可，即具有某种合法性。”③ 这里的“合法”就是被规范的对象在内心对规范的认可。法国社会人类学家杜尔克姆认为：“一个事物之所以神圣，是因为它以这种或那种方式激发出了尊崇的集体情感。”④ 英国的人类学家雷蒙德·弗思认为：“法律被人遵守并不是因为它是法律，而是因为人们认为这是规则，应当遵守。”⑤ 这都是在说规则“合

---

① 这里的“合法”并不是指合乎法律的规定，而是指某种规范与社会的文化模式相一致，人们在内心信服这种规范。使用“合法”一词容易产生误解，但由于人们翻译韦伯的著述、介绍韦伯的观点时使用这一词，本文也只能沿用这一词。

② ［德］迪尔克·克斯勒：《马克斯·韦伯的生平、著述及影响》，郭峰译，186页，北京，法律出版社，2000。

③ 苏力：《秋菊的困惑和山杠爷的悲剧》，载《东方》，1996（3）。

④ ［法］爱弥尔·涂尔干：《宗教生活的基本形式》，渠东汲译，341页，上海，上海人民出版社，1999。

⑤ ［英］雷蒙德·弗思：《人文类型》，费孝通译，114页以下，北京，华夏出版社，2002。

法”的重要性。苗族习惯法是人们在生产和生活中形成的，与特定范围内的社会文化模式是相统一的，人们熟悉规范的内容、保证实施的机制，认为应该遵守，一般也都能够自觉遵守。这种“合法”性是苗族习惯法发挥作用的基础条件之一，也是与国家法相比的优势所在。由于布依族习惯法具有上面分析的两个方面的作用，其本身就具备了“合法”性。

布依族习惯法合法性的形成与延续，是由很多因素构成的。韦伯认为：“一种法，或者一种法律形式的‘合法性’绝不是单纯因为有强制机构的存在就能建立形成。在大多数场合，功能主义的、伦理道德的或主观上因循守旧的动机（由害怕有违于周围环境的心理构成的动机），更具有决定性的意义。”① 即外在的强制力保证与内在的因素都重要。在一定的秩序下生活，是人类社会存在的前提条件，也是人类生存的社会条件，人们总是期望社会是有序的，要想形成有序的社会就必须有法规范。由于册亨地区特殊的历史地理环境，村寨中的习惯法都是历史上经过人们不断选择并认为对于社会秩序而言必须遵守的社会规范。人们的行为模式有时是可以选择的，但有时会很难判定哪种行为模式更有价值。人们在日常的生活中逐渐习惯的某种规范模式就会在心理上被认可，认为应该遵守；也可能是人们对神灵或超自然的惩罚、其他人报复或其他不利于己的后果的担心而遵守，个人被动地放弃自己的主张而采取与文化模式保持一致的行为。

可以说布依族习惯法主要是依靠人们自觉遵守的，但是“仅仅只有内部动力并不足以完全控制社会成员的行为。为此，人们便求助于异己的力量，设立某些机构，引导或强迫人们遵

① ［德］迪尔克·克斯勒：《马克斯·韦伯的生平、著述及影响》，郭峰译，174页，北京，法律出版社，2000。

守社会规范，这就是外在化控制，即通过外在的力量控制社会成员的行为”①。任何法律都不是完全依靠人们的自觉遵守来保证实施的，因为如果社会规范完全依靠人们自觉遵守来保证实施，法律就没有存在的必要了。我国传统法理学中关于原始社会是依靠习惯控制的社会，而且人们都自觉地遵守习惯的说法只是一种假设，人类学的田野调查资料足以证明这样的假设不能被证明是真实的。其实个人的利益不一定都与社会的文化模式相一致，有时二者可能会有严重的冲突。即使是人们认为应该遵守这种习惯法，但为了自己的利益，人们也可能会不依法办事。这种情况下，习惯法的实施也就必须依靠外在的强制力。因而，保证习惯法实施的权威必不可少。有时恰恰就是多种外在化控制的“威胁”作用，才形成了内在化控制。

第二节　村民委员会的强制执行权

《人民调解委员会组织条例》第九条规定：“人民调解委员会主持下达成的调解协议，当事人应当履行。”不履行怎么办，这一条例并没有具体的规定。根据《中华人民共和国村民委员会组织法》第二十条的规定，村规民约以及村民会议或者村民代表讨论决定的事项不得与宪法、法律、法规和国家的政策相抵触，不得有侵犯村民的人身权利、民主权利和合法财产权利的内容。按照这种规定，村规民约如果在内容上有处罚性的条款，就会与相关法律相矛盾。因为村民委员会并没有相应的处罚权，如果村干部或者其他村民去强制执行，就是违法。但是如果村民委员会没有被当地公众认可的强制执行权，其实施的

① 庄孔韶主编：《人类学通论》，377页，太原，山西教育出版社，2002。

民间规范就不属于习惯法规范。现行的《秧坝镇者述村村规民约》是2004年12月13日制定的，其第十五条规定：“针对反映的种类矛盾纠纷问题，经村组织调解成功后，调解费由无理的一方全部承担。双方在接到调处意见书规定的期限内，既不履行职责，又不向上一级机关申请处理的，该意见书视为生效，若当事人不履行又拒绝执行处理结果的，村调解委申请政法部门配合执行，并折金赔偿有关的损失。每出现一次处罚当事人200元。”这里没有明确规定村民委员会有强制权力，但是实际的运行过程中这种权力还是有的。

案例：

关于板王寨责任田纠纷的调解意见

2005年5月31日上午9：30，村民委接到板王组陆××与陆××对布麻哪责任田争议的反映后，当天晚上，经者述村驻村干部何金学、黄贵明，村干部陈子文、龙富生、潘应达、岑仕祥等6人深入到板王组调查邻居寨老，调查后并邀请寨老邻居与双方当事人到本组组长家进行协调，并达成初步协议，双方签字按手印，根据初步协议中的其中一条，要求重新丈量布麻哪田。于2005年6月1日下午4：00村调解小组组织双方当事人在布麻哪田进行实地丈量，第一次丈量陆××有1.3亩，陆利杰有1.34亩，当时陆××说量不合，他又再次邀请村调解小组按他本人指定的点进行反复丈量（陆××的田块未量，按原来的1.3亩不变），陆××的田块有1.29亩，比原来丈量的少0.05亩，调解小组当时给他们双方写该田的调解协议，陆××还是不服，拒绝签字，还提出对换才签字，当时达不成协议。为此，村调解小组根据调查邻居寨老的证言、证人的证词以及事实，特作如下调解：

一、2005年5月31日调解的初步协议一律有效；

二、通过丈量，由于陆××多0.01亩，陆利杰少0.01亩，所以双方各享有0.005亩的权利，当时陆××愿意让出，陆××自愿放弃不要。

三、陆××提出更换，村调解小组根据邻居寨老的证言、证人的证词和调查事实，认为不合理，因为陆××已违反《中华人民共和国土地管理法》的有关规定把所分得的田块里的泥土卖给本组农户打砖，从而导致该田块的粮食减产。为了保护陆××的合法权益，不予支持陆××提出的把田重新更换的意见。

四、双方应从团结愿望出发，如果陆××要求更换田块，陆××必须首先把卖田块中泥土所得的两千余元现金在接到调解意见10日内兑现给陆××，方可更换，逾期不兑现，双方则按自己原耕种面积不变，不得以任何理由提出干涉另一方的权利。

五、以上调解，如有任何一方不服，在接到村调解意见后15日内到镇人民政府申请调解，若15日内没有向镇人民政府申请调解的，本调解即生效，调解生效后，如有哪一方无理取闹，将按村规民约规定的五倍收缴违约金，并强制执行。

者述村民委员会

者述村人民调解委员会

二〇〇五年六月四日

上述调解意见的结论部分的第五点强调：“如有任何一方不服，

在接到村调解意见后15日内到镇人民政府申请调解，若15日内没有向镇人民政府申请调解的，本调解即生效，调解生效后，如有哪一方无理取闹，将按村规民约规定的五倍收缴违约金，并强制执行。”2008年第二次去者述村调查时，村干部介绍说，这一案例的结果是自动履行了。

案例：

调解协议书

当事人：黄××（简称甲方）住者述村平定组

当事人：何××（简称乙方）住者述村平定组

关于甲方在房边一条小路上修建火房受到乙方干扰产生纠纷，据调查了解属家庭纠纷，事实是由于全家四弟兄分家后乙方和二哥占全家菜园地建房，大哥和甲方现没有火房，现甲方在自己的建房边准备修火房，在打堡坎时受到乙方干扰产生纠纷一事，于2005年9月1日经村调解委陆利正、陈子文、驻村干部黄贵明等三人招集双方当事人在实地现场进行调解，经双方共同协商达成如下协议：

一、乙方同意甲方在他房边修建火房，但甲方必须受村调解员所指定的点把乙方所走的路用水泥修好，使乙方人走马驮时不受影响。（注：所修的路指乙方的房边约1.5米左右，指甲方的门口。）

二、甲方同意按村调解员所指定的点修好此路让乙方行走时不受影响。

三、本协议双方应共同遵守，不准违约，如任何方违约，由违约方承担贰仟元的违约金，村有权将按村规民约有关规定追回违约金并处罚款200元，本协议双方签字之日起生效，并盖印。

四、本协议村保留原件一份，复印件三份，双方当事人各一份，司法所一份。

在场人签字：陈子文

陆利正

甲方签字：黄××

乙方签字：何××

2005年9月1日

这一案例中，调解意见的第三点也强调："本协议双方应共同遵守，不准违约，如任何方违约，由违约方承担贰仟元的违约金，村有权将按村规民约有关规定追回违约金并处罚款200元。"结果也是自动履行。上面两个案例中，村民委员会的强制执行权都是文字的，关键是事实上村民委员会是否有强制的权威。也就是在实践中如果有一方不履行，村民委员会是否有能力执行下去。下面举一个村民委员会强制执行的案例：

案例：

关于者述村一组骆××与哄度组黄××
因纳麻者为拆除拦牛栅而发生纠纷一事的调解意见

于2005年3月4日接到者述一组骆××反映，说哄度组黄××私自在纳麻者拆除他所栽杉木地的拦牛栅，杉苗被牛践踏严重，大约损失900株左右。村民委接到举报反映后，于当天就深入到者述组对骆××反映的问题进行调查笔录，并于2005年3月23日由村委会组成调解小组，由驻村干部密切配合，通过召集双方当事人，对现场进行实地查看，共清点所受到损失的杉苗900株左右与反映问题属实，而黄××对有意破坏造成他人损失的事实也供认不讳，因此，村调解小组根据以上事实，特作如下调解处理意见。

一、者述村一组骆××所栽杉苗受哄度黄××的故意破坏，造成损失一事提出赔偿，理应由肇事者黄××承担补偿受损失的900株苗木责任。

二、骆××受损失后自己去补苗800株左右，鉴于双方共同团结的愿望出发，骆××所补栽的苗不要黄××承担费用，但花去的4天栽苗务工费，折成人民币伍拾元，需哄度组黄××在10日内付清并恢复好拦牛栅不误。

三、期限从2005年3月23日起至2005年4月3日止。

四、以上调解意见，如有任何一方不服，可在接到村调解意见的15日以内向上一级申请复议，否则，将按照村规民约的有关规定强制执行。

者述村调解小组

2005年3月23日

这一调解意见书的有些事实没有说清，具体是者述寨的一户村民为了防止有牛进入承包的林地毁坏新栽下的树苗，用石头垒起墙，防止牛通过。另一户人家，为了采石头盖房子，将这些石头搬回家，结果导致了有牛进入这块承包的林地，毁了新栽的树苗。村民委员会做出调解意见后，搬石头的这家既不起诉到法院也不要求乡里解决，就是不赔偿。调解意见的第四点规定：“以上调解意见，如有任何一方不服，可在接到村调解意见的15日以内向上一级申请复议，否则，将按照村规民约的有关规定强制执行。”村里采取的执行方式是由村党支部书记、村民委员会主任、村民调解委员会主任和一个村民小组长到其家拿走相应的物品赔偿，这家与调解委员会主任是亲戚关系。但这位调解委员会主任当时还是主持公道亲自去执行。

上面的村规民约规定和具体案例，说明村民委员会有强制执行的权力，但是这种权力并不是没有限制的，其范围界限是，在调解的过程中双方意见一致，一方在过了规定的时间界限后仍然不履行义务时，村民委员会有能力采取强制措施。没有达成调解协议的，或者案情比较大的，村民委员会都移交乡镇一级解决。

布依族地区村民委员会的这种强制执行权是传统上民间权威的一种变迁形式。关于这个问题，我们举一个其他布依族地方的案例，2008 年 12 月在黔南布依族苗族自治州惠水县布依族聚居的冗鱼寨调查时，发现 20 世纪 80 年代村民们制定的村规民约中有一条规定，就是任何人不能在村寨后山的风景林地中砍柴。有一户本寨的村民违反规定砍了一担柴，其他的村民们联合起来强迫这家出钱买猪、酒和米请全寨的人吃饭，处罚了当事人，教育了其他人。这种处罚方式显然不符合国家法律的规定。但是类似的案件发生了三起都是采用这种处罚方式解决了结的。这些案件的处罚过程中村干部只是起到发动组织的作用，主要是集体的力量发挥作用。

在黔东南雷公山地区的苗族聚居地方，村干部或者寨老组织的依靠群体力量保证习惯法实施的实例也有很多。很多情况下，即使是与国家法严重冲突，最终的处理结果往往也是习惯法的模式。有些情况不是国家不管，而是按照习惯法被处罚的当事人无法承担引起众怒而带来的被村民们孤立的后果。

案例：

> 1992 年，政府扶持茶叶基地，镇供销社负责实施，农民将收获的茶叶统一卖给镇供销社。一个村民

认为另一村民在镇供销社冒领了自己的钱。找到村委会，要求解决。有一本寨人在供销社当会计，经过查对账目，是供销社的出纳贪污了钱，后来出纳把钱退还。蒙冤的村民找到村民委员会，要求按习惯法为自己恢复名誉、村民委员会议定按苗族习惯法的一般惯例，罚120斤肉、120斤酒、120斤米为受冤枉者洗刷清白，其结果是被冤枉者房族的人到冤枉别人的村民家里拉走一头猪，杀了后，全房族（三级小房族，几十口人）的人吃。[①]

在雷公山地区的苗族聚居地方，传统上民间没有形成过有特殊权威的寨老，习惯法的实施必须依靠群体的力量。在贵州的很多布依族聚居地方也属于这种情况，在一个村寨中没有凌驾于群体之上的特殊人物。者述村村民委员会的强制执行权也与计划经济时期国家赋予村干部的权力有关，当时的生产大队干部对犯错误的社员有捆绑体罚的权力。

者述村村民委员会的强制执行权也与调查过的贵州汉族地区的情况不同，遵义县是贵州最典型的汉族聚居地区。2007年8月，笔者对遵义县鸭溪镇高枧村调查时，当时的村民委员会的做法是，小偷小摸问题以及造成伤害等问题，村里不处理，直接报派出所。一般的民事纠纷，村里解决不了的或者调解后不能执行的，报镇里综合治理办公室。2009年2月对遵义县三岔镇苏山村调查时，情况与高枧村类似。一般情况下，村里并不罚款，只是有的生了小孩以后，不入户口，超过三个月的，罚交20元钱。村民如果不交，就不给办手续。当地的村规民

① 周相卿：《黔东南雷山三村苗族习惯法研究》，99页，贵阳，贵州人民出版社，2006。

约不起作用。发现小偷小摸的情况报派出所，村里不解决。民事纠纷调解案件，即使是调解到双方自愿接受，一方翻悔也没有办法执行，只能上报而已，没有强制执行的实例。

田涛在对浙江省台州市黄岩区宁溪乡金岙村调查后评价这个村的罚款制度时认为："在村长的眼中，他自己就是法官，甚至就是家长，村民们如果对他们的决定不服，便是被审讯的人不服法官，孩子们不服家长，这样的不服的想法他甚至想都没有想过。"[①] 但是书中并没有相应的案例对这段话进行证明，现在村民委员会为了应付上级检查或者其他原因工作形式化做法有很多。字面上的不一定与现实相一致。

第三节　宗族执法

布依族地区的宗族是以男性血缘关系为纽带而形成的，与汉族地区的家族制度有相似的地方，但又有重大的区别。一般情况下，在布依族地区家族组织内部的人与人之间的关系上，除了保持尊老爱幼的传统外，人们之间是平等的，没有享有特殊权威的族长。而汉族地区的家族制度以儒家伦理为思想基础，内部等级森严。还有，按照少数民族习惯法对有过错的人进行处罚时，布依族宗族的成员之间就有相互帮助的义务。但是依照习惯法必须是正义的做法。例如一个人受到欺辱，同族的他人有帮助复仇的义务，但是一个人做了坏事，被他人惩罚而且惩罚的方式被当地的习惯法观念认可时，他人就不一定实施帮助。

① 参见田涛：《被冷落的真实——新山村调查手迹》，119页，北京，法律出版社，2005。

案例一：

布依族地区的家族制度板王寨 20 世纪 70 年代以前有一个通奸的案例，通奸的双方被女子丈夫家族的人抓到后，捆绑起来游街，然后叫男的趴在地下，女的骑到男方的脖子上，由于时间太长，都尿在了男的身上。此案中，实施惩罚的是女子丈夫家族的人。根据人们认可的习惯法，通奸应该受到惩罚。这样，通奸的双方都得不到其家族的帮助而必须接受惩罚。

案例二：

者述寨 20 世纪 80 年代有一女的结婚未坐家就与一个男的有了孩子。按照当地习惯法结婚的女的丈夫家族召集全家族的人到这个男人家里将物品全部打烂，把猪吃掉，并将男的捆在柱子上打。后退婚，孩子跟女方。

这种宗族执法的情况，现在布依族地区已经很少，最主要的原因是这种宗族执法的做法在多数情况下与国家法严重冲突。从国家法角度看，权利受到侵害的一方如果到相应的司法部门进行控告或起诉，就会引起国家权力的介入。前面第三章第三节我们曾经列举过一个 1987 年发生在黔南布依族苗族自治州罗甸县境内的一个案例。从这个案例可以看出，一些需要宗族执法的习惯法一般都与国家法严重冲突。根据国家法律惩罚犯罪人，对于消除少数民族习惯法中愚昧、野蛮、落后的成分当然有非常重要的作用。

本章归纳与思考

国家成文法与民间习惯法的一个重要区别就是国家法的规范内容是明确的，而民间规范的内容是否属于习惯法规范一般需要由实际的案例证明。由于少数民族习惯法具有“合法”性，人们在内心认为这些规范是大家都应该遵守，而且还不仅仅是因为如果不遵守就会受到制裁。有些习惯法规范的内容没有人违犯，调查者就无法确认其是否真正属于习惯法规范内容。因为民间普通习惯和习惯法规范相区别的基本标准之一就是规范内容被违犯后是否有社会公认的强制力保证实施。

根据田野调查的资料我们可以看出，者述村的村民委员会和党支部有一定的强制执行权。从大量的村民委员会调解的案例看，汉族和布依族以及汉族和汉族之间的纠纷案例极少，这说明村一级成功调解的案例主要是布依族之间的纠纷。在2007年笔者第一次去者述村调查时，三个主要的村干部中，村党支部书记和村民调解委员会主任兼会计是布依族，村民委员会主任是汉族。从调解过程中制作的笔录来看，调解布依族村民之间的纠纷时，除了负责记录的村民委员会主任以外，其余的人都是布依族，凡是调解成功的案例都有布依族寨老参加，纠纷双方的代表到场。这里的村干部相当于担当了传统习惯法制度中调解者的角色。2008年调查时，改选后的三个主要村干部都是布依族。国家法律并没有规定村干部具有强制执行的权力，这种强制执行权来源于民间的认可，也可以说是一种授权。从具体案例来看，这种强制执行的权力是有限的，是在国家法律能够容忍的限度内存在的。

按照传统，当地的习惯法主要是由宗族的势力保障实施的。新中国成立以后，这种宗族势力是国家打压的直接对象。还有，宗族执法往往与以保障人权为基本理念的现代国家法冲突，从当地的社会环境看，人们在适用过程中能够在国家法和习惯法之间进行选择。近年没有出现宗族执法的案例是传统习惯法制度变迁的结果。

第八章　布依族习惯法与国家法的关系

从总体上讲，贵州的布依族聚居地方相对于苗族聚居地方而言自然环境比较好，与贵州的侗族聚居地方相似，历史上国家的控制力度比较大，传承下来的民间习惯法在社会控制中的作用不如一些典型的苗族地区，除了婚姻习惯法以外，历史上传承下来的与国家法冲突的布依族习惯法内容并不是很多，习惯法的内容主要表现为对国家法的补充。

第一节　国家法的影响与布依族习惯法的变迁

有些少数民族习惯法的内容在调整社会关系方面发挥着重要的作用，有其存在的价值。其即使是与国家法冲突，一般情况下也不会引起国家权力的介入。但有些习惯法包含有愚昧、野蛮、落后的成分，严重违反国家法律的规定侵害公民的人身权利。对于这类规范，如果国家权力不介入还可能引发大规模的冲突，甚至演变成恶性循环的复仇现象。因而此类案件，一方控告或起诉往往就会引起国家权力的介入。我们在第五章第三节曾经例举过黔南布依族苗族自治州罗甸县境内的一个因为婚姻问题的非法拘禁案例，从这个案例中可以看出宗族执法的形式。从国家法角度看，这是非法行为；从习惯法角度看，能够为当地人所理解。在者述村调查时，当地的老人们讲，在新中国成立以前，已经订婚或者喝了结婚酒的女子如果在赶表的时候认识了新的男人并且逃婚，女子原来夫家的家族成员就会全体出动进行追杀，并对女子的家人进行处罚。现在由于这种做法与国家法严重冲突，20 世纪 80 年代以后者述村尽管出现大量的已经订婚或者喝了结婚酒的女子又与他人结婚的实例，但是并没有出现暴力干涉他人婚姻的案例。这是因为有国家权威的震慑作用，相应的习惯法规范被取缔。

社会一般文化的变迁直接影响到少数民族习惯法文化的变迁。结构功能主义的一些理论能够说明一些习惯法的变迁现象，美国社会学家艾尔·巴比将结构功能主义归纳为："每个社会实体，不论是一个组织或是整个社会都是有机体（organism），和其他的有机体一样，一个社会系统是由不同部分组成的，对于整个系统的运作而言，每一部分都有功用。"① 社会文化的某一方面发生变化，使一些习惯法规范失去存在的基础，有可能导致习惯法的变迁。原来由习惯法调整的社会关系就会转变为由国家法调整。从者述村的具体情况而言，导致习惯法变迁的因素主要表现在以下几个方面：第一，人口流动因素。计划经济时期，农民被束缚在土地上，几乎是不能越出雷池一步的，要出门，需要粮票、介绍信等等。外出务工人员被当作盲流，要被遣送回家。民族之间的文化交流必然受到严重的局限。在者述村，现在的青年人中，三十岁以下的年轻人很少有在家务农的。他们主要都是在经济文化现代化程度比较高的沿

---

① ［美］艾尔·巴比：《社会研究方法》，邱泽奇译，38 页，北京，华夏出版社，2006。

海地区打工。第二，教育的普及因素。新中国成立初期，当地普遍使用布依族语言，能使用汉语的人非常少。由于国家重视发展民族地区的教育，使学生的汉语言能力加强。现在虽然当地的布依族村民日常使用的语言还是布依族语，但是凡读过小学的人基本上都能比较熟练地用汉语进行交流。第三，大众传媒的影响。当地布依族村民家里基本上都有了电视。电视播放的内容基本上都是主流文化的内容，对人们起到潜移默化的影响。第四，者述村基本上属于自给自足的自然经济，但是市场经济的影响还是很大的。与计划经济相比，市场经济体制下，人们与外界的交往增多，必然受到外界文化的影响。

从对山神的敬奉心理的角度看，在者述村调查过程中，笔者与几位年龄较大一些的村民交谈时，提出要去看一下敬神的地方，他们说看是可以的，但是去时一定不能说话，因为平时他们敬神时都是讲布依族语言，穿本民族的服装。在调查的过程中，查看五个布依族自然寨敬奉山神的地点时找的向导是一个年近50岁的中年男子，在讲到到达敬山神的山顶应该遵守何种禁忌时，这位向导非常严肃地讲到，在祭祀山神的山头上不能大小便，不能说不好听的话，不能吐痰等等。到山顶上以后，这位向导根本不敢到放有代表山神石头的那个地方去，对山神的敬畏神情非常明显。查看哄度一个自然寨敬奉山神的地点时，带路的向导是一个20岁左右的青年男子，曾经在外面打工两年，还找了一个外地的汉族女朋友，家里修建新房才回来一段时间，在谈到到达敬山神的地点应该遵守何种禁忌时，这位年轻的向导说："他们（寨子里的人们）还说连口水都不能吐。"从神态上看，很不以为然，亲自把我带到放有代表山神石头的地方，并且指出是哪一块石头代表山神。很显然，年轻的一代对山神的信奉程度与其长辈相比已经远远拉开了距离。如果人们关于山神信仰的观念发生变化，山神立法就可能会失去意义。社会秩序的维护需要相应的法律规范，民间的规范如果不能保证社会秩序的稳定，寻求国家法的帮助就是人们的选择之一。

按照传统上的习惯法规范，当地的布依族青年结婚是不办结婚证的。现在由于国家计划生育政策的推行和青年们在外打工的方便，很多人按当地的布依族婚姻习惯法规范结婚后，都主动到国家的婚姻登记机关补办结婚证。但有些人按传统习惯法结婚后，虽然有了小孩，没有到法定年龄仍然办不了结婚证。不办结婚证有小孩的要被罚款，有时要罚 5 千元或 6 千元。有些情况下，国家法律虽然不禁止，但是不依法办事，法律就不保障相应的权利。以结婚登记问题为例，布依族的青年男女在自己的家乡，完全是按照习惯法采取仪式婚，不打结婚证，当地还有相应的习惯法规范维护双方的权益。一旦离开家乡，相应的习惯法规范就会失去作用，夫妻可能就会选择打结婚证的形式。

第二节　布依族习惯法对国家法的补充

一、国家法的制定和实施都存在局限性

首先，国家法调整的对象永远也无法穷尽一切社会关系。有的学者曾经进行归纳，认为“第一，立法当时不可能完全预料社会生活中可能发生的事；第二，法律毕竟是通过简明扼要的言辞来表述社会现象的，任何语言都不可能是万能的，它不可能包罗万象去穷尽所有的行为与事件；第三，法律调整的范围只限于那些有必要运用国家强制力去干预的社会关系，而在

社会关系中的不少方面用法律干预是不适宜的，甚至是不可能的，因而法律也不必去穷尽一切社会现象”①。一些民族地方地处偏远，国家法远远满足不了社会的需要，更会出现此类问题，社会秩序的维护需要习惯法规范。

其次，在司法阶段国家法的适用同样有局限性。在法律关系主体之间意见不一致时，现代法的适用是以证据为前提的，“在乡土的熟人社会中，这种可以查验的证据是不易找到的，即使是找到了，有效性又是极难把握的”②，法院的判决结果不一定是公正的。以者述村的敬神立法为例，由于人们对鬼神的恐惧，其实施效果可能更优于国家法。另外，现代的国家法律，即使是专业律师也不一定能够做到完全熟悉，类似者述村这样的布依族地方，很多人连汉语都不会讲，无法运用国家法来维护自己的权益。由于文化背景的不同，一些地方的少数民族群众并未完全接受主流社会的一些文化和国家的法律，仍然习惯于他们的文化和习惯法调整机制。在当地，一旦发生了纠纷，通常都能够依靠人们生活于其中的自身的习惯法机制进行调整，而不用借助国家的正式法律制度。

二、司法实践中布依族习惯法对国家法的补充

关于在正式法律没有规定的情况下，法官是否可以根据地方正义的原理进行审判的问题。朱苏力认为“在法律没有规定的地方，一个理想的法官可能根据习惯的做法以及有关的政策性规定或原则以及多年的司法经验作出实践理性的决断，补充

① 孙笑侠：《法治、合理性及其代价》，载《法制与社会发展》，1997（1）。
② 赵旭东：《权力与公正——乡土社会的纠纷解决与权威多元》，134页，天津，天津古籍出版社，2003。

那些空白”[①]。李道军认为“任何法官在适用法律的过程中，都会以自己对法的原理的理解来解释、运用法律。特别是当法律文本存在规范缺席，并未有明确、具体的可资准据的法律规范时，完全可以由法官依据法的原则和精神以及以往相似案件的审判，创制法律规则以适用于该案件。在此，只要法官所造之法律规则内容妥当，公正合理，就应视为与制定的法律文本中的法律规则具有同等的效力”[②]。即使在西方各发达国家的民事法律中，一些国家的法律至今仍然明文规定，法律无明文规定或规定不明确，法官可以依据习惯判决。如《瑞士民法典》第一条规定：“本法未规定者，审判官依习惯法；无习惯法者，自居于立法者地位时，所应制定之法规裁判之。”[③]《日本法例》第二条规定：“不违反公共秩序及善良风俗的习惯，限于依法令规定被认许者或者有关法令中无规定的事项者，与法律有同一效力。”[④] 这样，在某些情况下习惯法就成了国家法的正式渊源。在民族地区，法官可以利用法律规定中有弹性的模糊区域或词语意义解释的多种选择余地，用国家法的概念包装少数民族习惯法的内容，这样既维护了国家法治的统一，又利用了民族地方的习惯法资源。在不违反现行国家法基本原则的情况下，法官可以有选择地依据民族习惯法进行判决。成熟的内容可以通过的民族地方人大立法的途径法律化。2007 年 3 月 16 日通过《中华人民共和国物权法》第八十五条规定：“法律、法规对处理相邻关系有规定的，依照其规定；法律、法规没有

---

① 苏力：《送法下乡，中国基层司法制定研究》，6 页，北京，中国政法大学出版社，2000。

② 李道军：《法的应然与实然》，230 页，山东人民出版社，2001。

③ 转引苏力：《送法下乡，中国基层司法制度研究》，262 页，北京，中国政法大学出版社，2000。

④ 同③。

规定的，可以按照当地习惯。”

在司法实践中，即使是没有立法上的依据，有时司法机关在法律适用的过程中也会将国家法和习惯法相协调。在者述村没有发现这样的案例，但在册亨县法院调查时，发现了一个其他乡镇离婚问题上的法院案例，判决的时间是 2007 年 4 月 17 日。

离婚问题判例：

男：×××，布依族，1982 年 4 月生，住岩架镇挂榜村

女：×××，布依族，1984 年 6 月 1 日生，住岩架镇洛凡村

诉讼请求是原告（男方）要求被告（女方）返还礼金、礼品 11 211 元，被告认为礼品消费完毕，礼金还用于购买嫁妆，要求用嫁妆折抵礼金。

法院认定的事实是，原告与被告于 2004 年农历正月初八按当地习俗举行结婚仪式同居生活，未到婚姻登记机关办理结婚登记手续及未生育子女，双方在按当地习俗举行订婚及结婚仪式期间，被告收到原告方给付的同意钱 800 元，奶母钱 720 元，礼金 2000 元，家神钱 24 元，65 户亲朋好友的奶母钱 195 元，合计 3739 元（被告认可）。被告方陪嫁的嫁妆有彩电及影碟机各一台，衣柜一个、碗柜一个，电视柜一个，沙发一个，电饭锅一个，棉被四床，土布床单四床，毛巾被一床，木箱一个，枕头一对，皮鞋一双，门帘一个，红毛毯八床，脸盆六个，布鞋四双，西服一套，蚊帐一笼，由于原告与被告性格爱好各异，为此被告回娘家生活，于 2006 年 12 月 21 日被告到本院

起诉要求对家庭共同财产进行分割，本院作出(2006)册民初字第4号民事判决书对家庭共同财产予以处理。本案调解达不成协议。

法院认为：原告与被告双方虽然按当地习俗举行结婚仪式并同居生活，但并未按法律规定办理结婚登记，双方之间的婚姻关系并不成立，对同居生活期间所取得财产已经本院审理终结，现原告要求被告返还礼金及礼品，礼金（3739元）根据被告认可的部分应当适当返还，并以被告的陪嫁物品进行折抵部分，礼品部分一是已由双方亲朋好友已经消费，二是属于地方陋俗，为此礼品部分不予退还，根据最高法院关于适于《中华人民共和国婚姻法若干问题的解释（二）》第十条第一款第（一）项、《中华人民共和国民事诉讼法》第六十四条之规定，判决如下：

一、由被告于本判决生效后立即返还原告礼金600元，被告陪嫁到原告家的陪嫁物品归原告享有。

二、驳回原告的其他诉讼请求。

案件受理费458元，实支费150元，二项合计608元，由被告承担400元，其余由原告自己承担。

法院虽然依照国家法律的有关规定，认定“按当地习俗举行结婚仪式并同居生活，但并未按法律规定办理结婚登记，双方之间的婚姻关系并不成立”，但还是对财产问题进行了判决，由于是女方提出离婚，就必须赔偿男方相应的损失，法院对财产问题的判决与当地习惯法的精神是一致的。

在国家法适用的过程中，法律的原则性与习惯法的具体性的结合完全是可能的。很多法律为执法者和司法者保留了很大的自由选择余地，如刑法中的酌定情节、量刑的幅度，而基层的执法者和司法者往往最了解当地的文化，在法的实施过程中能体现出地方性特色。虽然主流的观点对于习惯法采取了贬抑的态度，有时甚至是明确予以否定，但在民族地区的司法实践中，习惯法还是有可能在正式法律的运用过程中体现出来，对司法的结果产生重大影响，这实际上是丰富了国家法的内容，因为有些判决结果与国家法的精神是一致。

第三节　布依族习惯法与国家法冲突内容的协调

布依族习惯法在内容上不与国家法冲突时，一般通过以下几种方式进行自觉地协调：

一、通过法律变通进行协调

根据《民族区域自治法》第六条规定："民族自治地方的自治机关在不违背宪法和法律的原则下，有权采取特殊政策和灵活措施，加速民族自治地方经济、文化建设事业的发展。"第二十条规定："上级国家机关的决议、决定、命令和指示，如有不适合民族自治地方实际情况的，自治机关可以报经该上级国家机关批准，变通执行或者停止执行，该上级国家机关应当在收到报告之日起，六十日内给予答复。"这两条的规定都是有前提的，第六条是"在不违背宪法和法律的原则下"，第二十条是"报经该上级国家机关批准"。我们以结婚不打结婚证现象为例分析法律变通问题。在贵州的很多民族地方都存在着结婚不打结婚证现象，导致了习惯法与国家法内容上的冲突。根据国家法，要生小孩，必须结婚后经过批准，也就是办准生证，但按当地习惯法是有了小孩才算是具备了结婚的实质要件，也算是完成了结婚的最后一道程序。众所周知，计划生育是层层下指标，定任务的。当地遵循通行惯例的做法给政府的工作造成了很大的困难。办准生证的只能上有政策下有对策。因为法律不能规定不能实现的事是现代法治的一个原则。在国家法与民族习惯法冲突的情况下，有时制定相应的变通规定是非常有必要的。很多民族自治地方的人大都制定有执行婚姻法的变通规定。我们分析一下黔南布依族苗族自治州人大1994年6月1日颁布的《黔南布依族苗族自治州执行〈中华人民共和国婚姻法〉的变通规定》，该变通规定的第三条规定："结婚年龄，男不得早于二十周岁，女不得早于十八周岁。"第七条第二款规定："在履行结婚登记确立夫妻关系后，对民族传统的结婚仪式，有改革或者保持的自由。但不能以民族的风俗习惯代替结婚登记。"第十一条规定："对违反本变通规定者，由有关部门分别情况给予行政处分或民事制裁。构成犯罪的由司法部门依法追究刑事责任。"对这些规定，我们可以这样理解：通过法律变通，对民族地区早婚现象作出让步；法律变通了，地方的风俗也要改变一些，与法律靠近，否则要受到处罚。这就是试图通过变通实现协调。

二、法律实施过程中民族习惯法与国家法冲突问题的解决

国家法的适用过程中，禁止性法律规范分为两种情况：第一，不按法律规定去行为，受到法律的处罚。国家法律中一些重要的强行禁止的规范内容是决不允许用习惯法代替的。如在贵州的少数民族地区，传统习惯法中血族复仇以及用赔偿财产方式平息复仇的习惯法内容被彻底禁绝。国家法规定"如果违

反就给予处罚”的条款基本上都能够保证执行，如税法等在各地的民族地区都能够得到很好的实施。国家法完全有凌驾于整个社会之上的能力，严重的刑事犯罪都必须适用国家法。第二，不按法律规定去行为，不受法律的保护。国家法律虽不是强行禁止一些内容，但不保护，也会对当事人产生影响，如者述村各个布依族自然寨中存在的早婚、结婚不登记等。第一种情况下的一般违法现象如果民间采用习惯法处理了，采用民不告、官不究的方式处理。在第二种情况下，为习惯法的生存保留了空间。而保留下来的习惯法内容，如果以现代法的概念来划分，主要是民事法律调整的内容。

民事法律上适用调解制度，国家法规范与习惯法规范不一致时，为当事人自由选择适用哪一种规范提供了条件。如果选择国家法规范更有利，则可能选择国家法规范。《中华人民共和国民事诉讼法》第八十五条规定：“人民法院审理民事案件，根据当事人自愿的原则，在事实清楚的基础上，分清是非，进行调解。”第八十八条规定：“调解达成协议，必须双方自愿，不得强迫。调解协议的内容不得违反法律规定。”刑事法律中告诉才处理的规定，同样给予人们选择国家法或习惯法的机会。《刑法》第二百五十七条规定：“以暴力干涉他人婚姻自由的，处二年以下有期徒刑或者拘役。犯前款罪，致使被害人死亡的，处二年以上七年以下有期徒刑。第一款罪，告诉的才处理。”从这里可以看出，一些父母包办婚姻的现象，虽然违反婚姻法，但女方父母基本上没有受到法律处罚的可能。

有些与国家法冲突的布依族习惯法内容能够自然地与国家法对接，根据2001年12月24日最高人民法院发布的最高人民法院《关于适用〈中华人民共和国婚姻法〉若干问题的解释(一)》中第五条的规定：“未按婚姻法第八条规定办理结婚登记而以夫妻名义共同生活的男女，起诉到人民法院要求离婚的，区别对待。1994年2月1日民政部《婚姻登记管理条例》公布实施以前，男女双方已经符合结婚实质要件的，按事实婚姻处理。1994年2月1日民政部《婚姻登记管理条例》公布实施以后，男女双方符合结婚实质要件的，人民法院告知其在案件受理前补办结婚登记；未补办结婚登记的，按解除同居关系处理。”这事实上将少数民族地区不按国家婚姻法登记结婚，按照婚姻习惯法结婚的离婚案件纳入了国家法的管辖范围。2003年12月25日《关于适用〈中华人民共和国婚姻法〉若干问题的解释（二）》第一条虽然改变了原来的司法解释，规定“当事人起诉请求解除同居关系的，人民法院不予受理”。但是还规定：“当事人因同居期间财产分割或者子女抚养纠纷提起诉讼的，人民法院应当受理。”从实践看，按布依族习惯法离婚的主要问题也是处理财产问题。册亨县法院的法官介绍说，在处理布依族的离婚案件的财产问题时，法院主要还是依据当地的习惯法规则。

当然，国家制定法与少数民族习惯法在有些方面还需要一个相当长的磨合过程。在实践中，哪些应该由习惯法控制，哪些应该由国家法控制，需要把握一个度。民事法律上有不告不理的制度，在刑事法律上也应该通过立法途径扩大告诉才处理的范围。对有些内容，如一些少数民族地区的财产报复问题采取不告不理的原则，由人们自己选择。法律的一个重要特征是反复适用，针对的是不特定的多数人，也就是说有预测性。人们生活在自己了解的有序世界中，心里才踏实。国家法的预测性作用取决于人们的对法律的了解，习惯法的预测性是人们在日常生活中自然形成的。人们选择民间习惯法而规避国家法往往要考虑“成本”问题，即考虑适用民间习惯法或国家法的哪一种更对自己有利。如果我们扩大不告不理的范围，可以给人们自由选择的余地。少数民族群众内部的事，应在最大限度内由他们自己决定。

本章归纳与思考

新中国成立以后，与国家法严重冲突的习惯法内容都逐渐被取缔。主流文化的影响力加大，导致当地布依族一般文化的变迁，并直接导致其习惯法的变迁。这主要表现为两个方面，一是具有支撑功能的布依族文化变迁直接导致习惯法文化变迁。二是由于人们理解国家法的难度减少，一些国家法的观念就会逐渐被人们认可。人们选择国家法，相应的习惯法内容就自然地发生变迁。

国家法存在局限性，使某些习惯法具有优于国家法的功能，在国家法没有明确规定的情况下，一些习惯法内容可以成为法院判决的依据。

通过法律变通执行以协调国家法与习惯法的关系从理论上讲是成立的。但是从我国的民族地区法律变通的实践看，还不能说有民族地区自治机关通过立法程序协调国家法和少数民族民间习惯法的典型成功事例。国家法的相关规定中有习惯法的适用空间，使国家法与习惯法的协调具备了可能性。

主流的法律思想一般是对民族习惯法现象持一种否定态度，正如朱苏力教授所言："支撑中国当代国家制定法的法学理论往往不承认、无视民间法，或者往往认为民间法是落后的、应当消除的。"[①] 人们可能认为一些民族地区历史上遗留下来的调解纠纷是落后的。可是对当地的人们而言，这些制度适

① 苏力：《再论法律规避》，载《中外法学》，1996 (4)。

应当地的文化背景，有利于维护当地的生产和生活秩序。赵旭东认为国家法的建构应充分重视民间习俗，“法律绝不是脱离于生活之外的某种东西，而是生活秩序建构的一个最为根本的要素。理解了当地人的生活和习俗，随之才可能理解当地人的法律观念和法律行为。既然法律与习俗是一个相互渗透的过程，那么法律就不应当脱离开实际的民俗生活来自行建构”①。朱苏力教授也认为：“在国家制定法和民间法发生冲突时，不能公式化地强调以国家制定法来同化民间法，而是应当寻求国家制定法和民间法的相互妥协和合作。”②

在一些布依族聚居地方的某些领域内其习惯法是超越国家法控制的，这是因为国家的法律制度没有能力为村民提供全方位的法律服务，当地的农民也没有能力支付国家法服务的成本。维护正常生产生活秩序的是当地的习惯法模式，如果我们强行废除当地的习惯法，就可能导致某些地方的无序状态。“文化大革命”期间，国家采取各种方式试图摧毁民间社会控制体系，以生产队和生产大队的形式加强对基层的控制。实行农村土地承包制以后，国家的控制减弱，曾经引起了一定程度的混乱。其后，随着民间习惯法传统的恢复，才逐步恢复了当地社会秩序的稳定。

这里的村寨不是远隔于我们这个大的社会之外，也不是割裂于我们所处的时代之外的，而是处于不同的文化、社会秩序的糅合与并存的状态中。国家法与少数民族习惯法本来就处于一种互相影响、互相糅合、互相利用过程中。既有少数民族习惯法对国家法的利用，也有国家法在一定程度上的让步。因

① 赵旭东：《权力与公正——乡土社会的纠纷解决与权威多元》，314页，天津，天津古籍出版社，2003。

② 苏力：《再论法律规避》，载《中外法学》，1996（4）。

此，在国家法的实施过程中，应该避免出现因过度强调国家法律权威而造成村寨中习惯法资源的丧失，在一定程度上发挥民族习惯法的积极作用，从而维护村寨秩序的稳定。

附录一

冗鱼寨布依族习惯法民族志*

一、序

（一）调查点的一般情况

贵州省黔南布依族苗族自治州惠水县是清朝时的定番州，根据《黔南识略》的记载，“宋羁縻南宁州地”。号西南七番，“奉职贡，授爵命”。元至元十六年设置八个安抚使，史称“八番”。明成化十二年置程番府。万历十四年置州，属贵阳府。清朝因袭明制。[①] 1914年设立定番县；1941年更名为惠水县。新中国成立后，1952年10月4日，建立惠水彝族苗族自治区，成为贵州省第一个少数民族县级自治区域。1954年6月27日改称惠水布依族苗族自治区。1955年5月11日，改称惠水布依族苗族自治县，1956年12月改称惠水县。惠水县总人口46万人，其中，少数民族人口24.9万人。在少数民族人口中，布依族的人口最多，且主要分布在惠水县西南部。

冗鱼寨是惠水县中南部甲戎乡青河村的一个自然寨。青河

---

* 本文得到贵州省教育厅高校人文社会科学研究项目《惠水县西南部布依族习惯法调查与研究》（黔教社发［2009］155号）经费资助。

① 参见（清）爱必达：《黔南识略》，见《黔南识略·黔南职方纪略》，43页，贵阳，贵州人民出版社，1992。

村有480户，2400人左右。从公路到村委会所在的冗鱼寨3公里，从村里到公路的路口再到县城的距离是30公里。青河村分为冗鱼、河口和平久三个自然寨。青河村以前是两个行政村，河口和平久是一个行政村，叫平久村。冗鱼寨有200多户，原本单独是一个行政村，后与平久村合并，成立新的青河村。平久寨居住的人口50%左右是布依族，河口寨居住的人口90%以上是布依族，一百多户中，只有6户汉族。冗鱼寨除了几户苗族以外，都是布依族。河口寨在涟江边上，冗鱼寨到河口寨走小路大约需要30分钟。

冗鱼寨内部又分为冗鱼上苑、冗鱼下苑、交同寨和新寨。冗鱼上苑和冗鱼下苑是连在一起的，因为人口太多才分开称呼。从居住的位置看，主要是分成三个组成部分，在交同寨和新寨之间还有一个只有几户的小寨。新寨是从冗鱼上苑和冗鱼下苑搬迁过去的。整个冗鱼寨三个组成部分的布依族都是同一男性祖先罗姓的后代，互相不通婚。寨子中20世纪50年代搬过来几户苗族，以前也不和寨子中的布依族通婚，现在布依族和苗族已经有了通婚的先例。与冗鱼寨所在的甲戎乡相邻的断杉镇有一部分从这里搬过去的同宗，也不与这里的布依族通婚。冗鱼寨布依族村民日常用语是布依语，因而使用汉语与一般的村民进行深度交流有一定的困难。寨子中的小学教师和长期在外面打工的年轻人能够熟练地使用汉语。寨子中的苗族群众也会讲布依语。

（二）调查的目的和主要经过

在对冗鱼寨进行调查之前，笔者曾经对属于南盘江流域的册亨县的者述村、属于北盘江流域的晴隆县的捧碧村和属于北盘江支流打帮河流域的镇宁布依族苗族自治县的坡孝村进行过田野调查。到惠水县布依族聚居地方进行习惯法田野调查的目的主要是为了与其他地方进行比较，以分析贵州南部和西南部布依族习惯法文化的差异和相同特征。惠水县境内最大的河流是涟江，自北向南纵贯县境，出县境经罗甸县汇入贵州和广西分界的红水河。涟江与其西面的北盘江都是红水河在贵州境内的支流，两江相邻。两江流域居住的少数民族主要都是布依族，而涟江流域东面的都柳江流域居住的少数民族主要是侗族。

第一次去冗鱼寨调查是在 2008 年的 4 月。从有关资料中可以看出，惠水县的西南部是布依族聚居地方。在历史上，惠水县所在的地域很早就进入了国家的控制范围，关于其是否存在独特的布依族习惯法文化，在文献资料中并不能找到线索。笔者带一个贵州民族学院法学院的大学四年级本科生一起在贵阳市花溪区汽车站坐大巴车到惠水县城汽车站，在站内找到一辆发往西南方向的小型面包车，司机和售票员说能够帮助我们找到一个典型的布依族村寨。车子在省级公路上走了四十多分钟以后，进入没有铺柏油的新修整的乡级公路。又过了十多分钟，车子在一个村寨边上停下，下车后发现这个寨子就在涟江边上。我们找到一个住在公路边上的村民委员会副主任，了解这个行政村的基本情况。这个村干部带领我们走了三十分钟左右的山间小路到冗鱼寨，我们见到了家住冗鱼寨的青河村村民委员会主任。通过初步的交谈，我们决定将这个自然寨作为一个调查点，长期进行田野调查。第二次去冗鱼寨是在 2008 年 12 月，这次主要是对第一次调查的村民委员会对民间纠纷进行调解的制度与习惯法关系问题和婚姻习惯法问题进行补充和核实，同时调查当地布依族群众群体祭神过程中的习惯法立法问题。

二、群体祭祀神庙与立法

冗鱼上苑和冗鱼下苑共有一个神庙。冗鱼上苑的住房本来是从山脚往上发展，这种住宅是倚山而建，节约了好的田地。神庙建在相对较高的地方，紧靠一棵非常大的金丝楠树的根部。神庙的后面有一小块平地，大家集会时用。神庙的形状和大小与汉族地区的土地庙是一样的，当地的布依族语言对这种神庙有两种称呼，一种叫“然苗”。“然”是房子的意思，“苗”是汉语“庙”的借用。布依族传统的称呼是“巴斯”，用汉语说就是土地庙，但在含义上与汉语的土地庙并不一样。每一家过年（汉族的春节）时，都在大年三十下午到庙里用白纸、鸡蛋、糯米粑、香、烧纸祭祀后，接祖先灵魂回家。接之前把家里的卫生打扫得干干净净，接回家后要放爆竹，正月初三再送回去，把家里放的敬桌去掉，大家集会，开土地会。以前是正月十五送回，并开土地会。但如果这样，正月十五以前就不能干农活，还有很多其他的禁忌，连洗完衣服都不能在家里晒，家里不能有响动。但送走神、开完土地庙会以后就没有这些问题了。因此，当地村民将神送回的时间提前了，送神时间改变已经有十多年了。

当地正月初三敬神庙时，轮流由一户人家当主持，并且这一家负责在祭祀的前一天到各家收猪肉，到敬土地庙的地方煮熟以后敬神。每次祭祀时要用一只公鸡，都由负责主持的这一家出。在举行祭祀仪式的过程中，每家还要用一小块糯米粑、三炷香敬神。在敬神时，每家都带上自家人的衣服，每人一件，到土地庙前祈求神灵保佑。同时，每个人轮流在土地庙前发誓不做坏事。此外，主持人还在祭祀仪式上宣布大家应该遵守的规范，如不准偷盗，不准用药在小河中药鱼，不准炸鱼等等。祭祀仪式完成以后，每家自己带酒、米饭，大家聚集在一起吃饭、喝酒。

20世纪80年代初期，村民们在土地庙前制定了一个制度，就是任何人都不能到冗鱼上苑后山上的风景树林处砍柴，违反者，处罚的方式是按照每家一斤肉、一斤米和一斤酒的标准请全寨的人吃饭。

案例一：

> 20世纪80年代，有一本寨的村民违反这一规定到这里砍柴，被处罚请全寨的人吃了一顿饭。这惩罚了当事人，也教育了其他人。

案例二：

> 20世纪80年代，山后陈姓的一户汉族人烧田地里的草时引发山火，殃及冗鱼寨的林地，请冗鱼上、下苑的人吃了一顿饭。

案例三：

> 20世纪80年代，邻寨的人到冗鱼寨的地界砍柴被处罚，寨子中的青壮年一起到这家，将这家的肥猪抓到寨子中，大家吃猪肉聚餐。当时的冗鱼寨也是一个独立的行政村，村民委员会曾经将本村的村规民约分送相邻的各村，告诉他们内部违反者和外面违反者都一定会受到处罚。

冗鱼寨内部村民之间很少有矛盾。有的违反村规民约被处罚后，大家仍然在一起吃饭喝酒，不记仇。周围的汉族都认为这里的布依族内部最团结。

当地的人们认为，一个山的龙脉影响一个寨子，冗鱼上、下苑共同敬一个土地庙，交同寨靠另一座山而建，单独敬一个土地庙。在敬土地庙时，写族谱，由于人口太多，根据居住的情况三个小自然寨分开写，冗鱼上、下苑又分为三个部分写。

三、婚姻习惯法

当地的布依族青年男女婚姻关系的确定，都是按照习惯法举行仪式。到婚姻登记机关办理结婚登记手续的极少。离婚时一般不到法院，都由村民委员会和寨老调解解决。

(一) 赶表

在冗鱼寨，存在赶表制度。当地布依族语称赶表为“闹梭锐”。“闹”是“玩”的意思，“梭锐”是“姑娘”的意思。结婚后未坐家的男女都可以赶表。20世纪80年代以前，赶场时、六月初六和春节等热闹的节日，都是赶表的日子。女的都是一帮一帮的。首先是男的和女的互相唱歌，如果男女双方有意，男的走开，女的就跟着去。有的男的同时有几个女朋友，在一起时有时也说：你不要和你的对象好了，我们俩好。有时是真话，有时纯粹是好玩。20世纪70年代以前，婚姻主要是父母做主，赶表主要表现为一种娱乐活动。20世纪80年代赶表时相识男女双方满意的，男方的父母找媒人到女方家说亲。到20世纪90年代以后，年轻人都到外面打工，在外边都自己决定婚姻，父母已经无法干涉子女的婚姻。一般情况下，还是回家按传统上的形式举行完各种仪式。

（二）订婚

20世纪80年代以前，小孩5岁以上开始订婚。年龄小时订婚的，一般是姑表婚和姨表婚。女孩在亲戚中没有合适的订婚对象，外面的人找媒人问的一般都要等到女孩10岁以上才能订婚。不论是姨表婚、舅表婚还是没有亲戚关系的订婚都要有媒人。媒人到女方家问是否有开亲的意向时，带两块豆腐糖(像豆腐一样的糖)。男女双方年龄大的要让双方见面，如果双方同意就看一下八字。双方的属相是否相克在父母做主的包办婚中成为是否成婚的必要条件。比如属虎的和属猪的、属羊的、属马的不能结婚，人们认为虎吃这些动物，双方属相相克，不能长久，不能成婚。这个条件只是在年龄小父母包办订婚的和通过赶表相识父母决定婚姻的情况下起作用。现在由于年轻人都在外面打工，父母对子女的婚姻已经没有决定权。虽然人们现在也相信这种禁忌，但如果男女双方不顾及这种禁忌，父母已经没有办法干涉，只能顺其自然而已。

订亲时男方要带相当于整个猪四分之一的一个猪腿、一个猪排，带财礼钱，有押礼先生，带男方家写上要订婚男方八字的鸾书到女方家。女方家将女方的八字写在鸾书上面，在仪式上交给男方的代表。男方还要准备包有钱的六个红纸包，称为六礼。一是聘礼，是交给女方家的财礼钱，现在一般是一万元到两万元，可以分几次给清；二是酒礼，一般包两元；三是饭礼，一般包36元；四是醋礼，一般包36元；五是喜礼；六是敬礼（父母辛苦，孝敬父母）。

整个订婚仪式过程中，男女双方都不出面，只是双方派出家族中有名望的代表参加。首先是男方的押礼先生与女方的代表人进行三拜。一拜香火，也就是双方的代表人拜家中供奉的祖先；二拜天和地，是双方的代表人对着门外拜；三是双方的代表人互相对拜。对拜结束以后，双方代表交换礼盘，男方代表拿的礼盘中装有六礼，女方代表礼盘中装有写上女方八字的鸾书、茶叶、稻谷和一丈二尺土布。在双方的代表举行仪式的过程中，主人家的代表在左面，客人家的代表在右面。

女方有多少近亲男方就要买多少份礼物相送。都要送双数，一般是送两瓶酒和两盒烟。女方家请家族的人陪客人吃饭。女方拿鞋子、袜子、床单等小礼物送给男方家。订婚时男方家去的人最少也有 50 人左右，在家的本寨家族成员都去。订婚仪式完成，吃完饭以后，男方的多数人，主要是年轻人首先回家，长辈要留下来轮流在男方送过礼的女方近亲家吃饭，一家一家的吃完才能回去。特别是订婚时男方的父亲要到女方家，其他人可以走，男方的父亲要到最后才能走。轮流吃饭是认识亲家，以后好走动。

也有的将订婚过程分成两步，一是过问礼，二是订婚。

（三）结婚

男方把财礼交清以后，女方准备被套，男方准备棉絮，男方在结婚仪式之前询问女方家准备了多少被套，提前将棉絮带去，有的达到二十多套。女方将棉絮装入被套以后送给父母、姑妈等亲戚一些，自己留下的并不是很多。结婚时男方也要送六礼。礼有七项，每次是选择其中的六项。一是恩礼 500 元到 1000 元，指对父母的养育之恩表示感谢；二是针线礼 36 元，针对女方针线活；三是饭礼 36 元；四是厨礼 36 元；五是发礼 36 元，交东西给对方；六是香烛炮礼 6 元；七是喜礼，双方代表人对拜礼。结婚时也有押礼先生，结婚时还要带一只公鸡和一瓶酒到女方家。女的出家门要 1200 元，进男的家门要 1200 元，陪同女方一起去的人要脚步钱 2 元或者 5 元，女方哥哥、弟弟、其他亲朋等每人 5 元。也就是女方家去的人都要给钱。

还有开柜子钱，女方家陪送的家具中有柜子，是锁着的。这把锁一般是女方的舅妈打开，她在开锁时会故意说打不开，待男方家给 80 元钱后才会打开锁。

结婚时男方家要找父母双全、儿女双全人家的两个 16 岁左右的女孩、两个 16 岁左右的男孩带一只鸡去女方家接新娘。女方的哥哥或者弟弟带着女方村寨的一大帮小女孩到男方家，全寨子所有女孩都去，结过婚的 50 岁以下的女子也都到男方家住一晚上。新娘和小女孩一大帮人在堂屋摆两桌，住一晚上新娘就回家。

按照传统的规范，本寨中的布依族都是同姓同宗，不能通婚。冗鱼寨有 6 户苗族。本寨的布依族也不能同本寨的苗族通婚，20 世纪 90 年代以后，布依族和本寨苗族不能通婚的规范被打破，布依族的姑娘嫁到苗族家中的有了两例。虽然女方家族不满意，也只是骂一骂，出一下气，男方带礼品赔礼就完结了。

偷婚是女的不让自己的父母知道，到男方家偷偷结婚。20 世纪 80 年代以前很少有采用这种方式结婚的。现在采用这种方式结婚的多起来，事后都要到女方父母家赔礼。男方条件好的走完各种程序，条件不好的有些程序就不再进行。

（四）不落夫家

结婚的时候新娘和本寨送亲的一帮女孩在一起，不和新郎在一起。仪式举行完以后的第二天，新娘就回娘家了。以前当地一般是 15 岁到 16 岁结婚，3 年到 5 年以后正式同居。有的感情不好，经过更长时间都不到夫家去长住。现在一般是在 10 月份结婚，回娘家以后过一段时间后，一般是在春节期间，男方去接新娘到男方家吃过年饭。这时，新娘还是带一帮小姑娘陪着。春节过了以后男方家的妹妹或姐姐再到女方家去接新娘，新娘从此以后就不带伴娘了。新娘怀孕以后才到男方家长住。

（五）离婚

离婚一般都是在女方坐家之后。离婚时双方父母、寨老和有关村干部坐在一起按照习惯法规范协议退钱退东西。男方提出离婚的，女方陪嫁的东西拿回，同时男方应赔女方钱，女方家去人拿回。如果男方家不给，女方的家族就会组织本家族的人到男方家强行抄家，把猪、牛、粮食等财物拿回。2007 年，本寨的一个嫁到断杉镇的姑娘和男方离婚，是男方提出的。村干部和寨老到男方家，男方赔女方 8000 元，将女方的陪嫁用车全部拉回。两方的村干部和寨老在场，双方签署了离婚协议。2005 年，有一个本寨的男子，其妻子的娘家是断杉镇的，生有一个小孩。女方在外面打工时，认识了一个外省的男子，回来提出离婚。女方娘家和本村的村干部以及双方家族的寨老共同协商后，女方赔偿男方 9000 元，不要陪嫁的东西，双方签署了离婚协议。以上两起案例中，都没有打过结婚证。

四、村民自治制度与习惯法规范

（一）村民委员会和寨老对纠纷的调解

村里是村民委员会和村党支部共同行使职权。村里换届时，首先选举村民委员会，再选举党支部。村民委员会选举时，首先是村民小组推选出村民代表 1 到 2 人。这些人上榜公示后，组成 8 到 9 人的村民代表会议。在村民代表会议上，由代表们推选出村民委员会主任候选人 2 人、村民委员会副主任候选人 3 人和村民委员会委员候选人 4 到 5 人。全体村民大会从这些候选人中最终选出主任 1 人、副主任 1 人和委员 3 人。

全体村民大会采用投票方式。一般情况下，18岁以上的投票人数能够达到50%以上。本届村民委员会选举时设有三个投票站，乡里派一个人参加。全乡所有的村一起举行选举，无法派出更多的人。

党支部的产生是在村民委员会换届以后，全体党员集中，投票选出支部书记候选人1人或者2人，副支部书记候选人1人或者2人，委员候选人5人或者6人。候选人选出后，再由全体党员正式投票选出支书1人，副支书1人，委员3人。正式选举时，甲戎乡派一工作人员参加监督选举。

2007年，乡里给村支书、村民委员会主任和副主任每人每月补助100元。2008年，乡里给村支书、村民委员会主任每人每月补助200元，副主任100元，专职计生员100元。村里副主任和专职计生员是一个人，每月也是200元补助。由于收入太低，村民们都不愿意当村干部。

村中保留有寨老制度，每个布依族寨子都有村民公认的寨老。有事的时候，不是每一家都开会，而是召集每个小寨的寨老开会。每个小寨有四五个寨老。在完全是布依族的寨子中，村民之间发生纠纷时，村委会不会主动去解决，一般是寨子中的寨老调解。

村民委员会调解纠纷的程序是小组的组长首先调解，调解不了的由村民委员会调解。再调解不了，由村民委员会介绍到乡综合治理办公室调解或者起诉到法院。村民委员会调解的纠纷如果当事人一方在达成协议后反悔，村民委员会并不采取强制执行措施。这种情况下，一般是不执行的申请再调解，还不能达成协议的介绍到乡里。村里调解的费用是30元，由输的一方承担，实际上很少收，一般是请吃一顿饭。最近几年这个行政村里起诉到法院的有两起，其中冗鱼寨有一起。案由是一个人借给另一个人几千元钱后，借款人不还，最后法院强制执行了。

(二) 村规民约与习惯法规范

由于现在冗鱼寨所在的青河村由三个自然寨组成，各个自然寨中对布依族习惯法文化保留的程度并不一样，平久寨有一半是汉族，河口寨有6户汉族。冗鱼寨除了几户苗族以外，都是布依族，而且当地的几户苗族从语言等方面都适应了布依族的文化。村规民约中体现布依族习惯法的内容并不多。

甲戎乡青河村村规民约

(2002年1月16日经村民代表大会通过)

为了认真贯彻执行党的十六大精神，进一步维护本村社会安定团结，保障公民的合法权益不受侵害，促进全村社会稳定，经济发展，生活水平提高，加快脱贫致富奔小康的步伐，根据《中华人民共和国村民委员会组织法》的规定，结合本村实际，特定村规民约如下：

一、全体村民必须拥护党的领导，严格执行党的路线、方针、政策，遵守国家的法律法规和本村的《村规民约》。

二、必须实行计划生育政策，提倡一对夫妇只生一个孩子，严格持证生育，按时到乡计生服务站进行妇检，生孩子半个月内必须主动到村计生室申报户口，结婚嫁女必须到村计生室办理迁入迁出手续，违者除按《中华人民共和国人口与计划生育法》处罚外，本村还另处罚30元。

三、严禁破坏水、电、路、学校等公共设施。

1. 村所有的自来水工程，不论管道通过谁家的责任田土地或房前屋后，在不影响耕种和建筑物的前提下，任何人都不得加以干涉和破坏，并有义务共同维护，若故意刁难或破坏者，将处以100至300元的罚款，严禁偷水和放别人的田水，违者罚款50至100元。

2. 禁止破坏高低压线路设备和一切偷电行为，违者根据情节轻重，轻者罚款100至500元，严重者交有关单位处理，高低压线路所经过的沿途左右两侧3米以内严禁护林或栽树。

3. 严禁侵占或破坏村级公路路面，确需拦路要水放田的，必须主动修涵洞，不准挖明沟拦水放田，违者经多次教育仍不改的，则罚款50至100元。

4. 严禁占用学校和集体公共场所打水泥砖，堆沙石和其他占用行为，若因特殊情况需暂时占用的，必须经村委会同意方可临时占用，严禁破坏和偷学校的设施，违者除赔偿损失外，并罚款100至500元。

四、保护好河流、山林、耕地等资源，防止水土流失，保持生态平衡。

1. 本村辖区内的河流，严禁用电、毒、炸等打鱼方式进行捕鱼，违者除没收打鱼工具外，并处100至500元的罚款。

2. 本村辖区内的荒山都要进行绿化造林，落实到户管理，严禁偷砍集体和个人的山林，违者罚款300至500元，禁止放牛到他人已进行退耕还林的地里或乱砍乱扯掉他人退耕还林地里已植好的苗木，违者罚款50至100元。

3. 严禁侵占他人的田土，禁止乱占用耕地，违者罚款30至50元，自己承包的责任田土不得无故丢荒，若谁让土地荒芜三年以上，村委会有权将其收回另行发包，并按30元/亩收取土地荒芜费。

五、严禁乱砍乱伐林木，放火烧山，毁林开荒，严禁在封山育林和退耕还林区域内砍柴割草，违者罚款50至100元，故意放火烧山者，除赔偿损失外，并罚款100至500元，情节严重者交林业部门处理。

六、加强土地的管理，并交50至100元的管理费，未经村委会批准擅自占用土地的，必须补办手续，并罚款100至300元。

七、加强行政管理，凡村民需到村委会办理各种申请证明的，必须交5元钱的办公用费，县外的户口迁移手续费为10元。凡是计生、救济等证明免费办理，凡是要求村委会出面调解民事纠纷的双方，都必须先交30元的调解费方能受理，经调解后退还有理方原调解费。

八、庄稼在未收割之前，严禁人、畜糟蹋庄稼或放牛在田坎上吃草，违者罚款30至50元，若牛吃了庄稼被抓则按实际损失加倍赔偿，并罚款50至100元。

九、村民必须主动完成按时上交农业税及附加税任务，若因确有困难不能完成的，必须向村委会申请减免，经村委会调查该村民所在组70%的农户都认可该户确实无力完成，再由村委会向乡人民政府申报减免。违者除按上级有关规定罚滞纳金外，村委会罚该户30元。

十、提倡建设文明村寨，尊老爱幼，邻里团结友爱，讲文明、讲礼貌、积极参加公益事业建设。搞好环境卫生，禁止在离村寨30米以内的房前屋后堆放玉米秆和稻草，村寨的主道不准乱倒垃圾，排污水，违者罚款30元至50元。

十一、此《村规民约》从2002年元月16日起施行，望广大村民自觉遵守和维护执行。

虽然《村规民约》第五条规定：“故意放火烧山者，除赔偿损失外，并罚款100至500元，情节严重者交林业部门处理。”2007年第一次到冗鱼寨调查结束后，走在回来的路上时，看到冗鱼寨村民烧田里的草时，火蔓延到了树林中，烧了一些松树，当时的村民委员会副主任兼调解委员会主任和笔者走在一起。这位调解委员会主任是汉族，住在河口寨，当时我问他，村民失火烧了树林，按村规民约的规定应该赔偿他人的损失并罚款，你为什么不去看一下。对方回答到：“冗鱼寨都是少数民族，我是汉族，按照以往的习惯做法，除非主动找到村里，我们是不管的。”可见，冗鱼寨的问题不一定都适用村规民约的规定。但是通过上面的案例可以看出，寨子自己制定的规范是必须遵守的。

五、蛊毒问题

“放蛊”是指传说有一些妇女暗中饲养毒虫，吸取毒汁，乘人不备下毒害别人，据说“蛊”是传女不传男。民国时期李德芳在《西南民族放蛊之研究》一文中讲到：“蛊最初见于典籍的记载，如左传所谓‘皿虫为蛊，疾如蛊。’其下注疏云：‘以毒药药人，令人不自知者，谓之蛊毒。’”[1] 清代的《黔书》中讲到：贵阳、都匀、镇宁以及普安等地的“仲家”，也就是

---

① （民国）李德芳：《西南民族放蛊之研究》，载《边疆通讯》第五卷第十、十一期合刊，1946年。

现在的布依族，“又多蓄蛊毒，夜飞而饮于溪，有金光，谓之‘金蚕蛊’。每以杀人，如不杀人，即反噬其主”①。民国年间公开发表的一份民族志资料这样讲到：“包括册亨全县，贞丰望谟县之南半部，贞丰县城的人称这里为‘下江’，是南盘江的下游的地方，传说是瘴气最盛之地，居民全是夷族，历来不知经多少人描画为‘蛮烟瘴雨’的神秘地方。……更可怕的是又传说那边的夷人最野蛮喜欢放蛊毒，外边的人吃了他们的食物，就会中蛊。”② 这里的夷族主要是指现在的布依族。在冗鱼寨调查时，发现当地关于蛊问题的观念一直保留至今，人们普遍相信有蛊存在。人们称被认为有蛊的人为药婆，认为治疗蛊毒的方法是偷剪一块药婆衣服上的布料，用火烧成灰喝下，或者用铜钱按住后用菜油火烤，或者用烟灰油抹到相关的部位等。

布依族村寨中有关“蛊”的观念，将人们分成有“蛊”和无“蛊”两类，将一部分人打入了另类。依据古老的传统，人们有意疏远被认为有蛊的人家，其成员遭受到不公平的待遇。平时别人不愿意与之交往，避之唯恐不及。由于人们认为制造蛊药，给别人下蛊药，都是秘密进行的，所以不可能被看到。就因为如此，有蛊或无蛊既不能证真也不能证伪。在冗鱼寨，关于“放蛊”的观念还变神秘了，认为有蛊的人用意念即可以害人。有的人还描述有蛊的人用意念毒害别人时的样子。当地人介绍的预防蛊毒的方法也往往是神秘而无法印证的。用意念放蛊毒害别人显然是不可能的，但是由于其难以印证，这种观

① （清）田雯、蒙斋编：《黔书·苗俗》，载《黔书·续黔书·黔记·黔语》，罗书勤等点校，25页，贵阳，贵州人民出版社，1992。

② （民国）邝充：《说“蛮烟瘴雨”》，载1929年6月20日《贵州日报》“社会学研究”。

念还会在较长的时间内存在。由于这种习俗与国家法律中的人格保护制度冲突，别人已经不能对被认为有蛊的人公开进行直接的人格伤害。任何人都不能直接说谁有蛊，以免引起冲突。从调查的情况看，关于“放蛊”的观念很难在短期内改变。

附录二

坡孝寨布依族习惯法民族志

一、序

（一）调查点的一般情况

关于贵州省安顺市镇宁布依族苗族自治县的历史沿革问题，《黔南识略》记载，镇宁州“唐宋俱罗甸国地。元置镇宁州。明洪武二十三年，添置安庄卫，并隶贵州都司。国朝康熙十一年，卫裁，洲仍其旧”①。1913年改镇宁州为镇宁县。1949年11月21日镇宁解放，29日成立县人民政府，隶属于安顺专署。1956年划入黔南自治州管辖。1958年关岭、镇宁两县合并为镇宁县，复归安顺行署管辖。1961年两县分开复置。1963年9月11日，成立镇宁布依族苗族自治县。世界著名的黄果树大瀑布位于镇宁布依族苗族自治县境内。全县共辖15个乡（镇），总人口35万余人。其中布依族和苗族人口占总人口的60%以上。

布依族主要聚居在这个县西北的扁担山地区和南部的六马地区。位于北盘江支流打帮河上游流域的扁担山地区，因扁担山而得名，是指隶属于贵州省安顺市的镇宁、关岭、普定三县

① （清）爱必达：《黔南识略》，见《黔南识略·黔南职方纪略》，61页，贵阳，贵州人民出版社，1992。

和隶属于贵州省六盘水市的六枝特区交界处一带的布依族聚居的区域。《镇宁布依族苗族自治县概况》一书中对扁担山是这样描写的："扁担山，地处镇宁、关岭、普定、郎岱交界处，因其山为一土丘，坐落在四山环抱田坝中间，两头各有一寨，一叫偞戛，一叫孔马，恰如扁担负荷，故名扁担山。"[①] 在贵州的民族学界，扁担山是很有名气的。按这种记载，山有多大并不清楚。在没有到实地查看以前，根据资料的记载想象扁担山会与实际情况产生很大的距离。1958 年的调查资料中写到："境内有扁担山，为一狭长土阜，约长四五华里，两端兀起，各有村寨。"[②] 2008 年 12 月到坡孝村调查时，专门去实地查看了这个"山"。所谓扁担山实际是一个很矮的长约 900 米的山头，呈东南西北走向。从东南部看这个小山头的相对高度也就是 20 米左右，称其为山实际上名不副实。说"约长四五华里"不符合事实，显然作者并没有进行实地察看。孔马寨在这个小头东南端的东面，是在一个独立的小山包的周围建起房子形成的自然寨。作为"扁担"头的山头和孔马寨房子围起的山头的距离约有 50 米。村级公路从孔马寨边上进入小山头顶部，上面的山冈特别平直，是公路的一部分，小山冈的另一头是偞戛寨，偞戛寨与作为"扁担"的山头处于同一水平线上，实际上是在另一个相对山头的山脚下，也是在"扁担"另一头的东面。称其为扁担负荷，比喻得比较恰当。不过，按照当地的布依族语发音，应该称为"偞嘎"寨，而不应该称为"偞戛"

① 国家民委民族问题五种丛书之一、中国少数民族自治地方概况丛书《镇宁布依族苗族自治县概况》，32 页，贵阳，贵州民族出版社，1985。

② 国家民委民族问题五种丛书之一、中国少数民族社会历史调查资料丛书《布依族社会历史调查》，59 页，贵阳，贵州民族出版社，1985。原文不是田野调查资料，是根据历史资料进行描述的。

寨。通过实际步量，从孔马寨到倮戛寨大约有1000米。

扁担山地区的绝大多数地域范围属于镇宁布依族苗族自治县管辖。坡孝寨是镇宁布依族苗族自治县扁担山乡的一个自然寨，也是一个行政村。在县城乘车30分钟左右就可以到达扁担山乡的乡政府。坡孝寨距离扁担山乡的乡政府大约2公里，步行20多分钟就能到达。2007年调查时全寨共有114户，567人。寨中年轻人都出外打工了。寨民中百分之九十左右的人家是同宗的伍姓，百分之十左右的人家姓马，还有一家姓李，一家姓杨。全寨的人百分之百都是布依族。全寨有12亩旱地、207亩水田。

坡孝寨的地理环境非常好，整个村寨位于山谷之中，依山而建，周围环境特别优美。寨边有一条小溪到达坡孝寨之前分成两股水流过，这两股水到达下游的不远处又重新汇合在一起，寨民的灌溉用水都来源于此。2009年到村寨时，由于连日下雨，小溪变成了一条几十米宽的河。由于处于典型的喀斯特地貌，平坝周围的山上无法长出大树。有一条乡级柏油公路经过村边，第二次去坡孝寨调查时发现，这条公路由乡政府经过坡孝寨不远就不是柏油路了，司机对路况非常担心，桑塔纳轿车走起来都非常困难。

坡孝寨百分之九十以上的村民居住的都是石结构的瓦房。这种传统的瓦房的墙体都是青石砌起的，从外形看与北方的瓦房相似，但是其结构特点是窗户特别小，也不是使用玻璃采光，而是用厚厚的木板挡住，充其量只是通气孔，距地面的高度都是接近两米，看起来好像碉堡中的射击孔。墙体特别厚，房子的里面保留有木房的样式，用木板隔成小房间，并形成上下两层，下面住人，上面存放物品。房子的前后两面都有门，但是门都特别小，有的门需要低头弯腰才能进入。房子的采光主要是房顶上放有一块玻璃代替瓦，由于玻璃的面积太小，室内特别暗。这种结构主要是出于安全的需要，说明以前这里的治安状况不好。寨民们介绍说，以前扁担山地区土匪特别多，新中国成立的初期，曾经开展了大规模的围剿土匪运动，但是当时这里的土匪不是占山为王的职业土匪，只是几个纠集在一起进行抢劫的寨民，很难辨认出来。寨民们新建的住房是平顶房，窗户比传统房子的窗户变大了，和其他地方的平顶房没有什么区别。

（二）调查的主要经过

第一次到坡孝寨调查是 2007 年 3 月，当时是带贵州大学法学院、贵州民族学院法学院的研究生到晴隆县调查，回来时直接到镇宁。当时在镇宁下车有两个目的。一是扁担山地区是省内有名的布依族聚居地方，而镇宁在历史上属于“黔之腹，滇之喉”的要塞地方，属于贵州境内封建王朝重点控制的区域之一，想到实地看一看这里布依族原始文化的传承情况。二是第一次到晴隆县布依族地方调查时，由于种种原因，对于在调查点调查的村民自治材料不满意。笔者为在贵州大学指导的研究生选定的硕士论文选题范围是布依族地区村民自治问题个案研究。为学生考虑，也要到这一地区看一下。贵州大学的这名研究生以这次在坡孝寨调查的资料中的关于村民委员会调解纠纷的内容为基础，完成了硕士论文写作。第一次调查主要是了解村民自治与习惯法的关系问题，到村民委员会办公地点时，看见墙上贴着的村规民约非常简单，后来发现，当地的村规民约主要是不成文的，制定的形式主要是在每年阴历六月初六群体祭祀神庙时宣布。第二次到坡孝寨调查是在 2008 年 12 月，笔者申报的贵州省特殊人才特助项目已经立项，这次带学校的车调查，主要目的是实地看一下扁担山地区的整体情况，同时补充调查坡孝寨群体祭神立法的情况，了解当地布依族婚姻习惯法的传承情况。第三次到坡孝寨调查是在 2009 年 7 月，目的是在阴历的六月初六这一天看一下传统祭神立法的变迁情况。

二、敬神庙立法

坡孝寨坐落在山脚下，在靠近山的地方，修了一座高约 1 米、宽约 1.5 米的类似于布依族传统房屋缩影版的小石房，小石房的后面靠山，前面修有五层的石头台阶，虽然小石房本身不高，但是因为是修在山脚下的高处，人们在小石房前面的场地上祭祀时，还是有居高临下的感觉。2007 年调查时在石房内放有一块竖起的石头，石头上缠有两圈红布条，从小房子的外观看，类似于汉族地区的“土地庙”。这个神庙中供奉的石头就是村寨的保护神。虽然神庙中供奉的是石头，但是村民们也称祭祀神庙为祭祀土地公公。2009 年阴历的六月初六这一天看到，2007 年调查时小庙里面的石头已经被换成了两块好像是半身人像的石头，也就是原来的一块石头变成了代表男女的两块人像石头。不到三年时间，自然崇拜的标志变成了神人崇拜的标志。在调查过的多个布依族村寨，传统文化的变迁都是非常快的。

按照传统，这个村寨的布依族在每年的阴历六月初六举行群体祭祀神庙的活动。每年的 5 月，村民委员会就开始为集体祭祀神庙做准备。通常是每家都出钱用来买祭祀用品。在 1989 年以前没有人出外打工，在家的人多，每次祭祀时要杀一头猪。敬神时使用的猪肉都必须在敬神的地方吃，不能拿回家。现在占寨中五分之三左右人口的年轻人都在外面打工，在家的人少，如果杀一头猪就会吃不完，也就不再杀猪。2008 年六月初六祭祀时是买一定数量的猪肉，但是人们认为必须买一个猪头。人们敬神的心是虔诚的，认为有猪头就代表有一头猪。当地的布依族村民特别喜欢吃狗肉，2009年六月初六这一天祭祀时，买了两条狗进行祭祀。

2009年六月初五的晚上到六月初六的早晨，镇宁地区一直下着大雨。为了亲自看一下坡孝寨的祭祀仪式，笔者六月初六早晨从县城的宾馆坐出租车出发，到达寨子里是9点左右。半年以前的2008年底到过这里，认识了新当选的村民委员会主任。下车以后正好看见村民委员会主任从家里出来，这位村民委员会主任热情地将我们请到家里。这天的上午一直下着雨，虽然村民们决定下午4点钟左右举行祭祀仪式，但是人们将狗肉煮好已经是下午6点了。现实的情况并不是全体村民参加，祭祀的组织者是村老年协会，50岁以上的人才有资格参加，参加的人只有36位。按照传统，参加这种活动是自愿的，同时要交纳一定的费用。但这次活动费用是由村里出的。这笔钱来源于老年协会活动室里的两台自动麻将机，来老年协会参加玩麻将的人要交纳一定的场地费。这次活动的费用便主要是平时村里积攒的场地费。参加活动的36位老年人并不是都参加祭祀活动，而是派了两个代表用煮熟的狗肉、粽子、酒、香、烧纸和鞭炮等到小庙前进行祭祀。

按照传统，祭神的最主要功能除了祈求神灵保佑村民平安幸福以外，从习惯法意义上讲，还有两个重要的程序。一是在敬神的过程中，每个人都在神位前发誓，不偷不抢，不能做损害村里的事情，如果做坏事将受到报应等等。最近一些年，由于外出打工的人员太多，在祭神时每个懂事的人都要参加并发誓的传统程序已经不能严格执行了。二是由寨老公布村民们应该遵守的规范，要求人们自觉遵守，并请求神灵监督。国家推行村民自治制度以后，寨老公布规范的程序演变为村民委员会公布村规民约，这是因为坡孝村是一个自然寨也是一个行政村，而且全寨的人又都是布依族，信仰都一样。布依族传统的习惯法立法方式与现代国家法确认的村民自治制度互相融合。这种融合的结果使村规民约披上了神秘的原始宗教外衣，宗教的权威也有助于保障其实施。2007年笔者到坡孝寨调查时，村民委员会墙上贴着的村规民约很简单，全文如下：

2005年坡孝村村规民约①

根据《贵州省社会治安处罚条例》和《贵州省计划生育条例》及有关法律法规，结合我村实际，特制定如下村规民约：

一、严格遵守国家政策，计划生育法律法规，自愿履行计划生育合同，并按合同内容履行权利和义务，否则将对照合同条款给予处罚款。

二、本村育龄妇女必须与村委签订计划生育合同，否则对照合同条款给予罚款。

三、凡有人口变动的农户，必须及时到村委进行人口变动登记，凡三日内未进行变动登记的罚100至200元。

四、流动人口要坚持来有所地、去有所向的原则进行管理，即流出要持证，流入要通过验证。

五、凡是愿办理独生子女证的户，由村委一次性奖励100元。独生子女和双女结扎户在优先入学、扶贫项目、信息咨询以及技术服务等方面给予优惠。

六、党团员、村组干部和计划生育协会会员要带头执行计划生育的方针政策，如有违反的，除按有关

---

① 原文用毛笔写出来，贴在村民委员会办公室里的墙上。这里按原文抄录，不做内容上的修改。

规定处罚，村委将对其处以200元至500元的罚款。

七、村民应做到不收留、不包庇和不窝藏计划生育手术对象，不参与谩骂、围攻和刁难从事计划生育工作人员，否则罚款500元至1000元。

八、乱偷瓜果小菜、故意损坏庄稼者，按情节轻重处以50元至500元罚款。

九、封山育林区、田边地坎严禁放牛马，违反者处以50元至500元罚款。

十、不准非法占用承包地建房。

本公约自公告之日起执行。

坡孝村村民委员会

2005年1月3日

贵州省并没有《贵州省社会治安处罚条例》，村规民约第一句话中所谓的根据《贵州省社会治安处罚条例》显然有误，应该是《中华人民共和国治安管理处罚条例》。整个村规民约的内容只有10条，计划生育的内容就有7条，而且是前7条，还有1条是不准乱占用耕地建房。可见受政府影响的程度是非常大的。通过调查笔者发现，仪式上宣布的村规民约的内容与以文字形式公布在墙上的村规民约的内容并不一致。下面分析一下村干部写在笔记本上在仪式上宣布的2008年的村规民约和2009年的村规民约。

2008年坡孝村村规民约[①]

为把我村建设成为物质丰富、精神文明的社会主

① 记在村民委员会主任的笔记本上，在2008年春节期间举行祭神仪式时宣布。

义新农村，为使我村的农副生产得到很好和稳定地发展，避免各种民事纠纷的发生，使人民群众的生产生活得到安定，人民群众的财产利益得到保护，特定如下村规民约：

一、不管在任何季节，不准放牛马满田坝跑和牵牛马到田边地角吃草，糟蹋庄稼。违者罚款50元。

二、为保护我村的自然环境，寨子两旁的山林，不准放牛马进去吃草，糟蹋树苗，违者罚款50元。

三、在山林保护范围内，不准任何人上山砍柴，不准割秧青，违者罚款100元。

四、对于小孩上坡乱砍包谷秆和拿别家包谷烧吃的，以及各种农作物，每拿一样东西一律罚款50元，属于成年人的罚款100元。

五、偷鸡摸狗、乱偷本村财物的，违者罚款200元。

六、治安巡逻抓到强盗，将对其罚款1000元以上，还要送交公安处理。

七、巡逻人员如果和强盗发生争斗，造成意外伤亡的，本村负全部责任。

制定以上条约，希望全体村民共同遵守。

坡孝村村民委员会

2008年1月30日

与2005年的村规民约相比，没有了计划生育的有关内容，2008年村规民约的7条规定都是针对村里的实际情况制订的，语言朴实，村寨特点突出。通过调查访问得知，当地在春节期间和阴历的六月初六都举行祭祀神庙的活动，两次祭祀神庙活动的内容是相似的，什么时间宣布村规民约取决于现实的需要。村民们过春节是受汉族文化的影响，相比较而言，人们更加重视六月初六这一传统的布依族节日。2008年的村规民约是在春节期间宣布的。

2009年坡孝村村规民约①

为把我村建设成为物质丰富、精神文明的社会主义新农村，为使我村的农副业得到稳定和很好地发展，避免各种民事纠纷的发生，特定如下村规民约：

一、不管在任何季节，都不准放牛满田坝跑，田边地角及田坝沟边，都不放牛或牵牛去吃草，违者罚款30元。

二、寨子两边的山林到处都是果树苗和庄稼，如任意放牛去吃草者将视为故意糟踏果树苗和庄稼惩处，将对其罚款30元。

三、如庄稼被糟踏者跟当事人讲后不服的话或被罚款后不服的，还要辱骂他人的，将罚款30元。

四、对小孩乱砍包谷秆和上坡烧包谷吃的以及各种农作物，拿一样东西的一律罚款30元。如邻近村寨放牛在坡上或者田边吃草，其庄稼被糟踏或损害过多的，除罚款100元以上外，还要赔偿损失数额。

五、对于大人故意上坡偷东西的，每拿一样东西罚款100元以上，不服者将加倍处罚。

六、发现偷鸡摸狗的，经群众检举证实后，按偷一只家禽罚款50元。

---

① 记在村民委员会主任的笔记本上，准备在2009年六月初六举行祭神仪式时宣布，实际并没有当场宣布。

七、偷本村财物的人，抓到罚款200元。抓到外村强盗的，除由本村罚款300元外，还要送交公安机关处理。

八、对于酗酒闹事、无故骂人、无理取闹、打架斗殴，造成一方重伤的，除负责全部医药费用外，还要罚款50元。

九、不管本村村民或外村村民，对本村制定的条约，都必须自觉遵守执行。否则对违抗者上报乡政府处理，后果自负。

制定以上条约，希望全体村民共同遵守，违反者将提交村委会按性质轻重予以处罚。

坡孝村村民委员会
2009年6月6日

通过2009年六月初六现场实地调查可以看出，由于布依族传统文化的变迁，六月初六祭祀神庙这一天公布村规民约的内容，只是保留了一些传统形式的残余而已。虽然是传统文化与现代村民自治制度的融合。但是，由于不是每个村民都参加集会，只是派代表进行祭祀，不再请鬼师祈求神灵监督规范的实施，保留传统只是老年人的心愿。文化的变迁成了不可逆转的现实，规范中的神圣因素已经荡然无存了。

三、婚姻习惯法

（一）赶表与父母包办

这里一直保留有赶表的传统。在赶场的时候，经过别人介绍，男女就开始约会。只要女的没有戴假壳[①]就可以赶表，20世纪80年代以前，因为赶表而打情架的特别多。当时都是父母包办，男方害怕女的跑了，发现自己的对象与其他的男的赶表就会暴力干涉。20世纪90年代以后，年轻人都开始出外打工，赶表的越来越少。

寨中以前百分之八十以上的人在很小的时候父母就给订亲了，极少数男孩子没有订亲都是因为家庭条件不好等原因。20世纪90年代以前，由于有相应的社会规范的约束，男女双方都在家乡，无法逃避本土习惯法文化的约束。儿童时期订亲的，在成年以后绝大多数都能成婚，而且离婚的也比较少。

(二) 开亲

当地的开亲，主要是指子女年纪小时，父母包办婚姻采用的方式。开亲的形式是男方家的人带一只鸡、一吊肉（6斤左右的猪肉），到女方家。双方父母商量能否开亲，不请其他的媒人。如果同意开亲，就进入订婚程序。当地奉行同宗不婚的原则，本寨不同姓的不是本家，可以开亲。

现在年轻人都出外打工，男女双方满意的就回家订婚或者办结婚酒。父母也不再为年龄小的子女采用这一程序确定未来的婚姻。

(三) 订婚

订婚时，男方的父亲或母亲一人到女方家，如果是男方的父亲就找一男性家族成员相陪，如果是男方的母亲就找一女性家族成员相陪。去女方家时，男方家的人带一只五官好的公鸡、糖（安顺地方的特产的波波糖）和一壶酒（当地的土壶，

① 见下面第㈤点。

一壶能装两斤左右的酒)。女方家的人把女方的八字写在红纸上，男方的父亲或母亲拿回男方家以后请老魔先生根据八字计算订婚的时间。

举行订婚仪式时，男方要带4只鸡、一吊肉（6斤左右的猪肉)、4封糖和4壶酒，还要带财礼钱，以前财礼钱很少，62元、82元、120元等，后面的数字是2，象征两个人。现在最低是2200元。

(四) 结婚酒

办结婚酒的时间一般是15岁左右。这时是男方家送给女方布依族民族服装，以前是送一套，现在要送两套。一套民族服装价值2000多元，平时并不穿戴，只是在特定的仪式上才穿。对于男方而言，送传统服装是很重的负担。但受传统规范的束缚，还必须送。除此之外，还要送时装、手表等。

迎娶新娘一般是在晚上，男方家的一帮男女青年人一起到女方家。去前都要根据路程掌握时间，去的不早也不晚。迎娶新娘的人一般不在女方家吃饭。新娘由两个年龄相当的姑娘陪着到男方家。男方家在堂屋摆一桌菜，围坐着老年人，女方给老年人磕头，仪式就结束了。这个过程中新郎并不出现。传统的做法是男女都不互相说话。新娘在男方家住三个晚上，随时都有陪娘陪着，并不与新郎同宿。三天后，男方家打两个糯米糍粑，每个20斤左右，两个年轻的小伙子挑着糯米糍粑和送给女方的衣服，再由男方家一个与新娘年龄相当的姑娘相陪，送新娘回娘家。这些东西在以前是用两丈白布包着，男方家的人到女方家吃一顿早饭就回去。现在也有的到二十多岁才办结婚酒。年龄大的很快就坐家，年龄小的不知道过多长时间才坐家，也不知道最终是否能成。

（五）不坐家与戴假壳

以前由于女方结婚的年龄都比较早，举行完结婚仪式以后，还是继续住在娘家。这就是不坐家制度，也称之为不落夫家制度。

所谓假壳是用竹条和布做成的女士帽子，是妇女已婚的标志。戴了假壳以后，夫妇才开始正式同居。女的戴假壳以后，就不能赶表了，即使去，小伙子也不会再找其一起游玩。在父母包办婚姻的时代，除非是女方对男方特别满意或者女方已经怀孕，一般情况下，女方都不想戴假壳。通常是男方家的两个女的偷偷到女方家，趁女方不注意，抱住揭开姑娘头型，做成媳妇头型，强行戴上假壳。女方的父母有的知道，有的并不知道。戴假壳的年龄一般是20岁以上。20世纪80年代以后，年轻的已婚妇女平时就不戴假壳了，这个村子中，现在只有一两位老年的妇女还在戴这种帽子。现在结婚的也不再提戴假壳的事了。但是在结婚时送两套民族服装的同时，还要送两个假壳，不过是不戴，放在柜子里而已。因为从20世纪80年代开始，外出读书的、打工的越来越多，与汉族通婚的也多起来。这导致了制度的变迁。

（六）离婚

20世纪80年代以前，如果女的在未坐家时通过赶表认识新的对象，跟着新的对象逃婚，那么男方家的家族成员就有义务帮助男方家强行把人拉回来，并对这个女的新认识的男人进行惩罚。女方的父母要与女方家原订婚的男方家一起行动，从而证明女方的父母并不想反悔，而是年轻人自己的事。否则，女方父母的家就会被抄。不管是儿童时定的娃娃亲还是长大后通过赶表认识定的亲。如果女方反悔，都是这种结果。

20世纪90年代以后，按传统方式订过婚或举行过结婚酒仪式未坐家的，最终真正在一起的越来越少，合不来的就分手。一般是请中间人讲和，不成的，如果是女方的原因，退还男方的财礼或者赔偿男方的财产损失了结。这个寨子中再没有男方将女方强行抢回的案例。民间调解离婚的要写成协议，双方签字，各执一份。当地的布依族青年结婚一般都不打结婚证，离婚时也不去法院或到民政部门登记，而是村民委员会和村党支部与当地的寨老联合调解离婚。2005年6月发生的一起村民纠纷的案子，就是由村民委员会主任、副主任、村支书去解决的。一对夫妇结婚以后，在一次争吵中男方打了女方，女方要求村民委员会调解离婚，但是男方不同意离婚。村民委员会主任、副主任、村支书经过村民委员会调解后，双方和解。如果双方非要求离婚，一般是写出离婚协议，双方在协议上签字即可。现在由于年轻人都在外面打工，有的多年都不回家，连人口都不好统计。如果两个人在外面不想继续再一起生活，分开即可。

1985年9月20日，镇宁布依族苗族自治县第五届人民代表大会常务委员会通过了一个《镇宁布依族苗族自治县执行〈中华人民共和国婚姻法〉变通规定》，1985年12月18日贵州省第六届人民代表大会常务委员会批准后，自1986年6月1日起开始施行。在这个规定中，除了第三条规定“结婚年龄，男不得早于20周岁，女不得早于18周岁”是对当地布依族习惯法一些内容的让步外，主要的内容是对传统习惯法内容中不合时代的规范的限制性规定。这一规定中限制的一些严重违反国家法的习惯法内容基本上被禁绝，如以暴力、胁迫和其他手段逼婚、拐婚和抢婚的；女方不生育或者没有生男而纳妾的等等。这一规定的很多内容也没有得到遵守，如结婚到国家法定机关机关登记问题，借婚姻索取财物问题，夫妻双方自愿离婚到当地乡（镇）人民政府办理离婚手续问题等等。

四、民间纠纷调解机制

（一）调解纠纷的组织

2007年调查时，坡孝村的村民委员会由3人组成，包括村民委员会主任、村民委员会副主任和委员。每一位成员都是按照村民委员会组织法规定的程序选举产生的。由民主讨论提出村民委员会组成人员候选人后，由乡选举委员会组织全村的选举大会，进行村民投票。在党支部书记、2名乡选举委员会委员、3名村民代表都在场的情况下，打开票箱，以票数多少确定当选人。2008年12月调查时，村民委员会的组成人员已经改选而变动。2009年7月份调查时村民委员会的副主任已经辞职。

在村里调解民间纠纷时，往往是由村民委员会主任、副主任和村党支部支书联合进行的。但是村党支部书记人选的确定与村民委员成员的确定时间不同，2007年调查时，当时的村党支部支书是在2002年当的村民委员会副主任，2005年当选为党支部书记。他当上党支部书记候选人是由村里的全体党员提出的，然后由党员举行民主选举，由乡党委下达任命文件。2008年12月调查时，发现党支部组成人员发生了变动，没有选出党支部书记。2009年调查时也还没有选出党支部书记。

寨老在村寨中发挥着重要的作用。坡孝村有一个“老年协会”，实质上就是寨老协会。村子里做重要的事情都要征求“老年协会”的意见，也就是要有威望高、上了年纪的人在场。比如2008年有三个国家出钱的项目，即村里的街道全部用水泥硬化，修一条机耕道，修几个水沟，因为本村没有劳力，经过村干部和寨老商议，全部由乡里承包给了包工头。

（二）纠纷调解的几种形式

1. 村民委员会、村党支部与寨老一起调解纠纷

2005年2月，发生了一起兄弟争地的纠纷。在发生纠纷前，这家的两位老人已经为兄弟两个分了家，并且老两口已经搬到二儿子家居住。但是大儿子觉得分家不均，非要家里的一块大约20平方米的土地，说自己要建房。其父母与弟弟不愿意再分给他地。于是，大儿子与二儿子就因为此事吵了起来。二人找到了村民委员会来解决问题，同时还请了“老年协会”一位七旬老人。村主任、副主任、村支书和寨老共同到老二家，由老二出钱在家里请几位到家中边吃饭边解决问题。几位调解人协商后，认为既然父母由二儿子来照顾，那么理应多分一份家产给他，所以就没有答应老大的要求。村支书就对老大说：“那份土地本来就是你父母的，而且已经分了家产给你，你还这样闹是不行的，不能因为你想盖房就把土地给你。”老大见村支书既然这样说了，自己的要求是不能满足，要告到乡司法所去。村委会主任就告诉老大，告到乡司法所后，乡司法所要收钱才能解决纠纷的。老大就不再想告的事情了。纠纷就这样解决了。

2. 村民委员会与乡政府干部共同调解纠纷

调查过程中收集到的一份纠纷调解协议书是由乡政府工作人员、村干部共同调解的。

协议书

甲方：伍××、伍××

乙方：伍××

甲乙双方因伍××在他房子前面一宗地起房造屋，涉及伍××、伍××、伍××、伍××、韦××

过路问题发生争执。伍××建房用地北抵伍××、东抵伍××、伍××、韦××，西抵伍××，南抵路，原伍××、伍××、伍××、伍××、韦××五户过路是通过伍××建房用地，伍××建房用地之间通过，而目前伍××把此路划为建房范围，把东西空地留为通路，经乡村两级调解，双方达成以下协议：

一、道路北面伍××新建房屋与伍××牛圈门边墙垂直距离为1.62米，中断墙身与伍××大门石梯坎第一级（下起）立面距离0.62米，南面墙角距离伍××自己大门口石梯下起第三级立面距离为1米。

二、伍××、伍××、伍××、伍××、韦××五户住过以上道路出入，伍××不准在道路入口修建槽门。此道路为伍××、伍××、伍××、伍××、韦××五户共用，任何人不得占用。

三、伍××、伍××、伍××、伍××、韦××不能以任何借口把障碍物和牲畜堆放在道路两旁。

四、伍××、伍××、韦××三户共用的大门石梯坎不能在原来的基础上延伸护建。

五、此协议一式八份，向综治办、村支两委、双方当事人、伍××、伍××、韦××各执一份。协议通过签字压手印后生效，以后双方不准再以此事作为借口发生矛盾，否则另案处理。

村支两委：伍××

甲方签章：伍××、伍××

乙方签章：伍××、伍××、韦××

2006年5月17日

乡政府参加调解人员：马生龙　张武德　李月超　张忠兴

3．村民委员会和村党支部调解不成转乡政府司法所解决

在2000年左右，一对没有到政府登记，按照当地布依族婚姻习惯法结婚夫妇，男方25岁，女方22岁，结婚后女方已经长住婆家，共同生活了一年半后，不愿意再生活在一起，就到村民委员会进行调解。由于多种原因，村民委员会调解不成，二人就到乡司法所去办理离婚，乡司法所收了二人200元办理费用后，判决两人离婚。当然从国家法角度而言，只能是结束同居关系。